PRATICOM

Collection dirigée par
SOLANGE CORMIER et ANDRÉ-A. LAFRANCE

Vous désirez avoir de l'information à la fine pointe de votre champ d'action ? Mais vous ne disposez que de peu de temps pour le faire ? Les auteurs de la collection PratiCom ont tenu compte des exigences de votre situation dans la rédaction de leur ouvrage.

Des spécialistes en communication répondent aux questions immédiates des décideurs dans leurs actions quotidiennes et leur planification stratégique. Présentés de façon concise, ces ouvrages peuvent être lus et relus comme une réflexion à moyen terme ou consultés comme une solution urgente à court terme.

Pour une COMMUNICATION efficace

DANS LA MÊME COLLECTION

Misez sur l'intelligence de vos employés et osez communiquer
8 règles pour réussir la négociation d'une convention collective
Sylvie Lavoie et Marcel Béliveau
2005, ISBN 2-7605-1349-1, 98 pages

Gérer, c'est créer au quotidien
Points de repère – Outils de réflexion – Références
Normand Wener et Solange Cormier
2006, ISBN 2-7605-1446-3, 136 pages

PRESSES DE L'UNIVERSITÉ DU QUÉBEC
Le Delta I, 2875, boulevard Laurier, bureau 450
Québec (Québec) G1V 2M2
Téléphone : (418) 657-4399 • Télécopieur : (418) 657-2096
Courriel : puq@puq.ca • Internet : www.puq.ca

Diffusion / Distribution :

CANADA et autres pays
PROLOGUE INC.
1650, boulevard Lionel-Bertrand
Boisbriand (Québec) J7H 1N7
Téléphone : (450) 434-0306 / 1 800 363-2864

FRANCE
AFPU-DIFFUSION
SODIS

BELGIQUE
PATRIMOINE SPRL
168, rue du Noyer
1030 Bruxelles
Belgique

SUISSE
SERVIDIS SA
Chemin des Chalets
1279 Chavannes-de-Bogis
Suisse

CLAUDE JEAN DEVIRIEUX

Pour une COMMUNICATION efficace

- *Entre les personnes*
- *Dans les groupes*
- *Avec les médias*
- *En temps de crise*

2009

Presses de l'Université du Québec
Le Delta I, 2875, boul. Laurier, bur. 450
Québec (Québec) Canada G1V 2M2

Catalogage avant publication de Bibliothèque et Archives Canada

Devirieux, Claude Jean

Pour une communication efficace : entre les personnes, dans les groupes, avec les médias, en temps de crise

(PRATICOM)

Comprend des réf. bibliogr.

ISBN 978-2-7605-1480-5

1. Communication. 2. Communication interpersonnelle. 3. Art de parler en public. 4. Médias. 5. Crises (Sciences sociales). I. Titre. II. Collection.

P90.D47 2007 302.2 C2007-940017-5

Nous reconnaissons l'aide financière du gouvernement du Canada par l'entremise du Programme d'aide au développement de l'industrie de l'édition (PADIE) pour nos activités d'édition.

La publication de cet ouvrage a été rendue possible grâce à l'aide financière de la Société de développement des entreprises culturelles (SODEC).

Mise en pages : PRESSES DE L'UNIVERSITÉ DU QUÉBEC

Couverture – Photo : PIERRE GUILLAUME

Conception : RICHARD HODGSON

1 2 3 4 5 6 7 8 9 PUQ 2009 9 8 7 6 5 **4** 3 2 1

Dépôt légal – 1er trimestre 2007
Bibliothèque et Archives nationales du Québec /
Bibliothèque et Archives Canada
Imprimé au Canada

À tous ceux qui m'ont précédé
et qui m'ont permis d'ajouter ma pierre à l'édifice;

Aux étudiants et aux clients
dont les questions m'ont fait avancer;

À France Nadeau, avec qui je travaille depuis près de 20 ans.

TABLE DES MATIÈRES

AVANT-PROPOS XIII

Chapitre 1 – LA COMMUNICATION: LE B.A.-BA DE LA COMMUNICATION 1

1. Les définitions 2

1.1. Selon les sens concernés 5

1.2. Selon le nombre et la position des sujets 6

2. La règle de base – La formule de Lasswell 8

3. Les enjeux 10

4. La préparation intellectuelle 12

4.1. L'argumentaire 14

4.2. Le syllogisme inversé 17

4.3. L'arbre de la communication 18

5. Le verbal et le non-verbal: l'équation de Mehrabian 20
5.1. La communication écrite 20
5.2. La communication auditive 20
5.3. La communication audiovisuelle 20
6. Le signifiant et le signifié 23
7. Les logiques illocutoire et interlocutoire 24

Chapitre 2 – LA COMMUNICATION INTERPERSONNELLE: TU M'ÉCOUTES QUAND JE TE PARLE?! 27
1. Les interlocuteurs 29
1.1. Cibler le récepteur 29
1.2. Tenir compte des contextes 30
1.3. Différences hommes-femmes 31
1.4. Code et contact 33
2. Les contenus 34
2.1. Le contenu intellectuel ou cognitif 34
2.2. Le contenu émotionnel 35
3. Les comportements 38
3.1. Les comportements kinesthésiques 39
3.2. Les comportements tactiles et primitifs 42
3.3. Les comportements vestimentaire et ornemental 42
3.4. Le comportement territorial 43
4. L'interaction 43
4.1. L'émission 44
4.2. La perception 47
4.3. La discussion 49
5. La téléphonie 55
5.1. La réceptionniste 55
5.2. La messagerie téléphonique 56
5.3. Le service d'aide à la clientèle 56
6. La communication interpersonnelle écrite 58
6.1. Le curriculum vitæ 58
6.2. La lettre de motivation 60

Chapitre 3 – LA COMMUNICATION DE GROUPE: À VOUS LA PAROLE! 61

1. La prise de parole publique 63
1.1. Les défauts habituels des présentations 63
1.2. Le charisme 63
1.3. La connaissance de l'auditoire 64
1.4. La préparation de l'allocution 65
1.5. Les supports visuels et documentaires 70
1.6. Parole publique contre lecture publique 73
1.7. Convaincre 78

2. Les réunions 82
2.1. L'efficacité des réunions 82
2.2. La résolution des problèmes 84
2.3. Le remue-méninges (*brainstorming*) 84

3. La communication organisationnelle 85
3.1. La quadrature du cercle entrepreneurial 86
3.2. Les conditions de survie des entreprises 86
3.3. La transparence 89
3.4. L'efficacité des moyens de communication interne 89
3.5. Les obstacles à la communication organisationnelle 90
3.6. Les dérives de la communication 92

Chapitre 4 – LA COMMUNICATION MÉDIA: FAIRE FACE AUX MÉDIAS 95

1. L'organisation des médias 97
2. Les motivations des médias et des journalistes 102
3. Les pratiques journalistiques 105
4. La médiatisation 109
5. Les relations médiatiques 112
5.1. Le *modus vivendi* médiatique 112
5.2. La négociation journalistique 113
5.3. La composition du message: quoi dire 115
5.4 L'entrevue médiatique 118

6. La livraison du message ... 123
6.1. Les comportements facilitateurs ... 124
6.2. Les réponses convaincantes ... 126
6.3. Le choix, le rôle et la formation du porte-parole 138
7. L'événement communicationnel ... 141
8. Le communiqué de presse ... 142

Chapitre 5 – LA COMMUNICATION DE CRISE: SAUVE QUI PEUT ! ... 147
1. L'anatomie d'une crise ... 148
1.1. Les catégories de crises ... 150
1.2. Les effets organisationnels de la crise ... 156
1.3. Les différentes phases de la crise ... 159
1.4. La gestion de crise et la gestion des communications de crise ... 162
2. La prévention et la gestion des crises ... 165
2.1. La constitution et la logistique d'une cellule de crise ... 165
2.2. Les travaux préventifs ... 166
3. La gestion matérielle de la crise ... 169
4. La gestion des communications de crise ... 171
5. Les règles de la communication de crise ... 172
5.1. Les différences entre communication de crise et communication promotionnelle ... 173
5.2. La composition des argumentaires ... 175
5.3. L'établissement de la crédibilité ... 175
5.4. Les « *must* » de la communication de crise ... 177

LES DIX COMMANDEMENTS DE LA COMMUNICATION DE CRISE ... 181

CONCLUSION ... 183

BIBLIOGRAPHIE ... 187

INDEX ... 191

AVANT-PROPOS

Le Seigneur dit à Moïse : « Va, les Israélites t'écouteront... » Moïse dit au Seigneur : « Ce n'est pas possible, Seigneur, je n'ai pas la parole facile. Je ne l'ai jamais eue... Je t'en supplie, Seigneur, envoie quelqu'un d'autre ! »

Alors, le Seigneur se mit en colère contre Moïse et lui dit : « Tu as un frère, Aaron le lévite. Je sais qu'il est éloquent... Tu lui communiqueras ce qu'il devra dire. C'est lui qui s'adressera au peuple à ta place : il sera ton porte-parole et toi tu seras comme le dieu qui l'inspire[1]. »

---

1. *La Bible*, Montréal, Société biblique canadienne, Exode 3, 10; Exode 4, 10, 14-16.

Donc, ils s'y sont mis à trois : Dieu, Moïse et Aaron. Encore ont-ils été obligés pour convaincre d'avoir recours à quelques miracles. Ce qui prouve que, depuis la nuit des temps, communiquer efficacement n'a jamais été une petite affaire. À défaut de miracle, voici cependant un livre à ajouter aux nombreux ouvrages sur la communication qui, depuis quelques années, jonchent les étagères des librairies.

En 1980-1981, les journalistes de la Société Radio-Canada au Québec et à Moncton, dont j'étais, ont été en grève pendant huit mois ! Comme il fallait bien vivre, j'ai participé à quelques séances de formation en communication média pour une agence de relations publiques. Puis, après mon abandon du journalisme en 1986, d'autres agences ont de nouveau fait appel à mes services.

À l'époque, on se bornait à faire subir aux participants une série de simulations d'entrevues ou de prises de parole publique que l'on enregistrait, visionnait et commentait : « Ne froncez pas les sourcils comme si vous étiez en colère... Ne gardez pas les mains nouées, faites des gestes... Vous avez le trac, détendez-vous... Etc. » On travaillait sur la forme et rarement sur le contenu du message. Cela me semblait tout à fait insuffisant. J'ai donc décidé d'approfondir la question.

D'abord, j'ai constaté que, parmi les gens qui font de la formation en communication, on trouve :

- des comédiens, héritiers des anciens professeurs d'art oratoire, n'ayant jamais fait de journalisme ni de relations publiques et n'ayant aucune expérience des besoins des organisations ;
- des journalistes ayant témoigné toute leur vie des crises affectant les organisations, mais n'ayant jamais fait de théâtre ni étudié la communication comme telle ;
- des relationnistes n'ayant jamais fait de journalisme ni de théâtre et soucieux avant tout de plaire à leurs clients (« Quel est votre message ? On va vous organiser une belle conférence de presse ! Voici la facture ! ») ;

- des psychologues industriels pour qui la communication est uniquement affaire de relations entre individus;
- des universitaires pour qui la communication est une matière scolaire, fruit de réflexions et de recherches, mais qui n'ont pas grande expérience de terrain.

J'ai également constaté que les livres traitant de la communication étaient de deux sortes:

- des ouvrages savants, produits de spéculations intellectuelles et d'expérimentations raffinées, mais flottant dans les hautes sphères de l'abstraction, au vocabulaire ésotérique et d'un abord difficile pour qui ne fait pas une maîtrise en communication;
- des recueils de trucs et recettes généralement pratiques et drôles (« Regardez votre interlocuteur droit dans les yeux mais évitez de postillonner. »), mais déficients sur le plan théorique.

J'étais convaincu que les dirigeants d'organisations qui voulaient améliorer leurs aptitudes communicationnelles avaient droit à un enseignement alliant la théorie et la pratique. Par ailleurs, étant donné le caractère parfois catastrophique de nombreuses déclarations publiques, j'étais aussi convaincu qu'il fallait leur enseigner non seulement **comment** communiquer, mais également **quoi** communiquer. D'où une méthode de formation originale, portant à la fois sur le contenu du message et sur la manière de le dire, dont le succès m'a incité à écrire ce livre qui se veut une synthèse des ouvrages universitaires et des recueils de trucs.

Ai-je emprunté aux auteurs qui m'ont précédé ? Peut-être, car j'ai lu. Mais j'ai surtout profité des nombreux enseignements tirés de mon expérience professionnelle : trois décennies de journalisme plus deux décennies comme consultant et formateur en communication. Enfin, je me suis efforcé de répartir la matière selon une logique pragmatique et d'écrire dans une langue aussi simple que possible de façon que cet ouvrage soit facile d'accès et d'une utilité à la fois théorique et pratique.

- J'ai divisé l'ouvrage en cinq parties. D'abord, en guise d'introduction, un résumé des principales lois et règles applicables à toutes les formes de communication. Ensuite, la communication interpersonnelle parce que c'est la plus courante ; puis la prise de parole en public ; aussi la communication média, qui est à la fois une communication interpersonnelle et une prise de parole publique ; enfin, la communication de crise, qui débouche la plupart du temps sur une communication média.

CHAPITRE 1

LA COMMUNICATION

Le B.A.-BA de la communication

La communication et l'information sont des sciences relativement jeunes puisqu'on n'a commencé à les considérer comme telles que vers le milieu du XXe siècle. Elles sont à la base de tant d'activités humaines qu'un nombre invraisemblable de gens se sont mis à les étudier, à les analyser, à les synthétiser et à les enseigner avec plus ou moins de bonheur. Nous en sommes dans ce domaine comme en médecine au temps de Molière où n'importe qui, revêtu d'un habit noir et d'un chapeau pointu, pouvait se prétendre médecin. Si bien qu'il existe, au départ, une grande confusion dans les termes et qu'il importe de les définir.

1. LES DÉFINITIONS

Les termes *communication* et *information* sont employés dans toutes sortes d'acceptions et recouvrent des réalités bien différentes. Quand on feuillette les pages jaunes des annuaires téléphoniques des grandes villes, on trouve sous la rubrique « communication » aussi bien des sociétés spécialisées dans la téléphonie que des agences de relations publiques et de publicité. Sous la rubrique « information », apparaissent des sociétés d'informatique et des services de renseignements touristiques, voire des détectives privés. Habituellement, quand on demande à des dirigeants d'organisations, donc des gens qui passent le plus clair de leur temps à communiquer, ce que signifient les mots « communication » et « information », on obtient des réponses approximatives qui dénotent bien l'imprécision entourant ces deux concepts.

Aux définitions classiques données par les dictionnaires, nous préférons les définitions suivantes qui, en excluant certaines significations trop générales (actions d'informer ou de communiquer) ou trop spécialisées (l'information judiciaire, moyens de communication), cernent de plus près la réalité.

Une **INFORMATION** *est une variation thermodynamique qui se produit dans l'environnement*[1].

▸ Un éclair dans le ciel, une douleur dans le dos, un coup de fusil dans la campagne, la vue d'un gâteau, le contact d'une main sur ma peau. Par extension, au-delà des simples perceptions sensorielles, tous les événements survenant dans notre environnement : un tremblement de terre, la promulgation d'une nouvelle loi, le mariage d'une célébrité, un changement de gouvernement, une famine en Afrique, etc.

Toutes ces informations s'accompagnent d'un transport ou d'une utilisation d'énergie, donc d'une variation thermodynamique, que ce soit la lumière dégagée par l'éclair ou la force du tonnerre, le travail d'impression et de distribution du texte de la nouvelle loi, les secours acheminés vers les gens qui souffrent. Plus simplement, on peut dire : *une information est un fait nouveau qui se produit dans l'environnement*, donc une nouvelle ou le rappel de faits anciens ou le résultat d'une enquête.

*L'***INFORMATION** *est la mise en forme (du latin* informare*) de ces variations depuis le lieu et le moment où elles se produisent jusqu'à la réaction de l'individu sur l'environnement*[2].

Cette définition suppose l'action des organes des sens et des centres nerveux de la mémoire et de la motricité. En voyant l'éclair, je devine qu'il va pleuvoir et je prends mon parapluie ; en entendant le coup de fusil, les lièvres se cachent ; en voyant du gâteau, je salive ; en sentant la main sur ma peau, je suis sexuellement excité ou au contraire furieux contre cette personne trop entreprenante ; en apprenant l'adoption d'une nouvelle loi, j'achète le journal et le lis ; enfin, je donne de l'argent à la Croix-Rouge pour venir en aide aux victimes de la famine.

1. Henri LABORIT, *L'homme imaginant*, Paris, Union générale d'édition, 1970.
2. *Ibid.*

Une information n'a pas grande valeur si elle n'est pas mise en forme. Il y a 65 millions d'années, une formidable variation thermodynamique a exterminé tous les dinosaures de la Terre. Cet événement planétaire n'a eu de l'importance pour nous qu'à partir du moment où l'on a découvert des squelettes fossilisés dans le sol, qu'on a mis ces os dans des musées et que, plus tard, les dinosaures sont devenus le sujet de fictions cinématographiques, la muséologie et la cinématographie étant des procédés modernes de communication. Donc…

Une information n'est valable que si elle est communiquée.

Selon Wiener[3], l'information n'est ni matière ni énergie, mais elle a besoin de la matière et de l'énergie, autrement dit d'un support: rayons lumineux, ondes sonores, encre et papier, courant électrique, ondes hertziennes, etc. Ces supports sont à la base de divers moyens de communication: signes, parole, écriture. Les systèmes utilisant ces supports sont les médias: journaux, radio, télévision.

Quand on lit les nombreux ouvrages consacrés à la communication, on est frappé par le fait que la majorité d'entre eux omet de définir le terme. Leurs auteurs tiennent sans doute pour acquis que tout le monde sait de quoi l'on parle et passent tout de suite aux différentes formes de communication, à leurs caractéristiques et à leurs applications. Ceux qui définissent la communication se limitent la plupart du temps à dire «émission ou réception de message» ou au mieux «partage d'informations». Après plus de quatre décennies passées à communiquer moi-même ou à conseiller et former des dirigeants d'organisations, je propose la définition suivante:

3. Norbert WIENER, *Cybernetics or Control and Communication in the Animal and the Machine*, New York, MIT Press, 1948.

> *La* **COMMUNICATION** *est l'opération au cours de laquelle des sujets échangent ou partagent des informations pour en arriver à : une compréhension réciproque, un accord mutuel ou une action commune.*

Autrement dit, lorsque l'administration des chemins de fer annonce un changement dans les heures de départ des trains, il faut que les usagers comprennent, qu'ils soient d'accord (dans ce cas, ils n'ont pas le choix) et qu'ils agissent en conséquence. Lorsque vous dites « Chéri(e), passe-moi le beurre », il faut que le chéri ou la chérie vous comprenne, qu'il ou elle soit d'accord, ce qui n'est pas toujours le cas, et qu'il ou elle vous apporte l'assiette à beurre. Même quand les interlocuteurs ne sont pas d'accord, ils tombent cependant d'accord pour constater leur désaccord ; quant à l'action commune, ce peut être, selon les circonstances : l'arrêt du processus de communication, l'engagement de se revoir pour tenter une nouvelle discussion, la séparation sans espoir de retour, une altercation, voire une bagarre.

On distingue plusieurs formes de communication.

1.1. SELON LE SENS CONCERNÉ

Excluons la communication par le toucher ou par l'odorat, qui déborde le cadre de cet ouvrage.

- La *communication par signes*, donc visuelle. De la main, vous me faites signe d'approcher, je réponds par un hochement de tête ; je vous souris et vous répondez vous aussi par un sourire ; Winston Churchill faisait le signe de la victoire, etc.
- La *communication auditive*. Dans le noir, vous me parlez ; on discute au téléphone ; j'écoute la radio, etc.
- La *communication audiovisuelle*. Je discute face à face avec vous : vous m'entendez et vous me voyez ; vous prononcez une conférence ; nous regardons la télévision, etc. J'insiste : l'audiovisuel ne se limite pas au cinéma et à la télévision : vous voyez un chien qui jappe dans la cour, il « fait » de l'audiovisuel.

- La *communication écrite*. J'écris et vous lisez ce texte; c'est aussi une communication par signes, puisque les lettres et les chiffres ne sont que des signes conventionnels qui diffèrent selon les époques, les cultures et les langues.

1.2. SELON LE NOMBRE ET LA POSITION DES SUJETS

Excluons l'expression instinctuelle (exclamations, grognements, soupirs spontanés émis généralement pour soi-même) et le soliloque (prise de parole d'une personne qui se parle à elle-même, qu'elle soit seule, ou qu'elle soit avec d'autres, sans volonté de les informer ou de les influencer).

- La *communication interpersonnelle*: avec deux interlocuteurs. Elle peut être unidirectionnelle (je suis seul à parler) ou bidirectionnelle (vous me répondez); la communication interpersonnelle peut être visuelle seulement (par gestes), auditive seulement (dans l'obscurité, d'une pièce à l'autre sans se voir, par téléphone ou communication radio), audiovisuelle (en chair et en os, grâce au téléphone visuel ou aux caméras Web) ou écrite (par lettre ou par courrier électronique).
- La *communication de groupe*: unidirectionnelle (je parle seul devant le groupe qui écoute: monologue) ou multidirectionnelle (il y a échange entre les interlocuteurs: dialogue). On distingue aussi la communication devant un petit auditoire (exposé d'un projet) ou devant une masse de gens (conférence publique ou discours politique).
- La *communication descendante* (le commandant parle à ses soldats) ou *ascendante* (les syndiqués exposent leurs griefs au patron).
- Certains auteurs mentionnent la communication intrapersonnelle. Je ressens une douleur et je prends un cachet d'aspirine; je me pose une question et je trouve la réponse.

- La *communication médiatique*. La communication de masse utilisant les médias: journaux, radio, télévision, en période normale ou en période de crise.

Il ne faut pas confondre les moyens ou modes de communication (signes, gestes, voix, écrit) et les outils et supports qui permettent de communiquer. Le traitement de texte est un *outil* utilisant comme *support* l'électricité et des circuits imprimés permettant le recours aux textes et aux signes qui appartiennent d'abord à la communication écrite. L'appareil téléphonique est un outil qui utilise les ondes sonores, donc la voix, la parole et l'électricité, mais il relève de la communication auditive; de même la communication audiovisuelle utilise plusieurs outils: caméra, émetteur, film, projecteur, écran, magnétoscope, téléviseur, etc.

Tous les êtres vivants communiquent. Les hommes communiquent depuis le début de l'humanité et, en tant qu'individus, nous communiquons depuis la naissance. Bien des mères disent même que nous communiquons avec elles depuis avant notre naissance. Au cours des millénaires, nous avons perfectionné et multiplié les moyens, les outils de communication et les médias. Nous supposons que les premiers hominidés ont communiqué par grognements, cris et gestes. Puis la répétition et la systématisation de ces grognements et de ces cris a progressivement donné naissance à la parole. Après les premières tentatives de représentations graphiques de notre environnement, de nous-mêmes et de nos actions, nous en sommes venus à l'écriture. Nous avions à notre disposition tous les moyens de communication. Après, ce ne furent que des inventions et des perfectionnements d'outils et de médias de plus en plus efficaces: tablettes de cire et styles, papyrus, encre, plume, parchemin, puis papier, imprimerie, premières gazettes, télégraphe, télégraphie sans fil (TSF), téléphonie, radiodiffusion, télévision jusqu'à Internet. Certains outils de communication ont disparu (le télégraphe optique de Chappe, la plume d'oie, la machine à écrire), mais...

Aucun moyen de communication n'a entraîné la disparition des précédents.

Nous continuons à communiquer par grognements, par cris et par signes ; nous continuons à utiliser la parole non seulement dans la vie courante, mais pour transmettre nos connaissances en donnant des cours et en prononçant des conférences ; nous continuons à écrire à la main et à la machine grâce au traitement de texte et à l'imprimante.

La communication a pris une telle importance sur les plans social, économique et politique que des sociologues, psychologues, économistes et politicologues se sont penchés sur le phénomène, l'ont analysé et théorisé, si bien que la communication est devenue une science. Cette science possède ses lois et ses règles et un ensemble de techniques d'application.

2. LA RÈGLE DE BASE – LA FORMULE DE LASSWELL

Toute science repose sur un principe de base, postulat ou axiome. Par exemple, en chimie, c'est le principe de Lavoisier (Paris, 1785) : « Rien ne se perd, rien ne se crée, tout se transforme. » Le principe de base de la communication n'est pas *Émetteur–Canal–Récepteur,* que l'on continue à citer et à enseigner mais qui n'est que la simplification du schéma de Jakobson. C'est la formule émise en 1948 par l'Américain Harold Lasswell[4] :

Qui	Dit quoi	À qui	Par quel moyen	Avec quel effet

4. Harold D. LASSWELL, *Power and Personality*, New York, W.W. Norton & Co., 1948.

- **Qui**: Émetteur – celui qui parle, fait des signes ou écrit;
- **Dit quoi**: Contenu du message;
- **À qui**: Récepteur – celui qui capte les signaux, entend ou écoute le message, lit la lettre;
- **Par quel moyen (ou comment)**: Canal ou moyen de communication (communication interpersonnelle ou de groupe, communication par l'intermédiaire des médias, communiqué de presse, conférence de presse, etc.);
- **Avec quel effet**: Distinguer l'effet recherché (objectif) et l'effet obtenu (résultat).

Que ce soit une conversation au téléphone avec un client, un entretien face à face avec un patron, une causerie devant une chambre de commerce, une entrevue à la radio, à la télévision ou une correspondance écrite; que ce soit par une communication visuelle, auditive, audiovisuelle, écrite, interpersonnelle, de groupe, une prise de parole publique, une communication médiatique ou une communication de crise, tous les processus de communication, quels qu'ils soient, suivent la formule de Lasswell. Que vous disiez « Chéri(e), passe moi le beurre », que vous rédigiez un mémoire pour une commission parlementaire ou que vous prononciez une conférence, vous appliquez, sans en être conscient la plupart du temps, la formule de Lasswell. Sauf qu'à notre époque de complexification sociale et de multiplication des échanges, il est impératif de communiquer efficacement. Malheureusement, bien des professionnels de la communication ignorent, oublient, ou négligent la formule de Lasswell et, ce faisant, commettent des erreurs.

▸ Pendant la campagne électorale présidentielle de 2002, en France, l'un des candidats, le premier ministre Lionel Jospin, avait adopté comme slogan « Présider autrement ». Il voulait se démarquer de son principal opposant, le président sortant Jacques Chirac, dont les manières pouvaient paraître manquer de dignité et qui était soupçonné d'avoir utilisé l'argent public à des fins personnelles. Lionel Jospin a été battu à plate couture, car les électeurs français se moquaient pas mal de la façon dont ils étaient présidés (au point que près du quart d'entre eux ont voté pour le candidat de l'extrême droite, Le Pen, personnage populiste qui promettait l'ordre et la sécurité). Tout ce que voulaient les Français, c'était pouvoir rentrer chez eux le soir sans se faire agresser et retrouver leur voiture intacte le lendemain matin. Le conseiller de Lionel Jospin était Jacques Séguéla, considéré comme le pape de la communication et qui, plus tard, a reconnu s'être trompé.

3. LES ENJEUX

Vous êtes dans la rue et vous soliloquez : « Quel sale temps ! » ; un inconnu dit en écho : « Oui, ça fait trois jours qu'on n'a pas vu le soleil ! » Et vous vous en allez, chacun de votre côté. Il n'y a aucun enjeu : on meuble le silence, on parle pour passer le temps, on veut simplement échanger ses impressions sans vouloir imposer quoi que ce soit. Par contre, si vous êtes assis face au directeur des ressources humaines de la société XYZ et que vous essayez de le convaincre de vous embaucher, si vous exposez un projet devant un groupe de collègues, si vous prononcez une conférence devant la chambre de commerce, si vous tentez d'expliquer face aux médias les causes de la crise qui affecte votre organisation et les solutions que vous envisagez, la situation est radicalement différente !

Il convient donc de distinguer les processus de communication sans enjeu et ceux avec un enjeu. Oublions la communication sans enjeu, puisque vous ne partagez pas vraiment d'informations en vue d'être compris, d'obtenir l'accord de ceux qui vous entendent et de déclencher une action commune satisfaisante pour les deux parties. L'efficacité de la communication avec enjeu dépendra cependant de la façon dont vous respecterez les lois et les règles de la communication et dont vous maîtriserez les techniques permettant de les appliquer. Avant de déterminer QUOI DIRE et COMMENT LE DIRE, je dois savoir ce qui suit.

- **QUI je suis** : Quels sont mes intérêts, mes besoins, etc., ma façon d'être et d'agir (connaissance de soi) ?
- **QUI je représente** : Est-ce que je parle en mon nom personnel ou au nom de mon organisation ? Quelles sont mes compétences, ma légitimité et mon autorité ?
- **À QUI je m'adresse** : Quels sont les intérêts, besoins, espoirs, attentes, connaissance antérieure du sujet, culture, niveau d'instruction, condition sociale, préjugés, humeur du moment, préoccupations de la personne ou des gens à qui je m'adresse (connaissance des interlocuteurs ou de l'auditoire) ?
- **QUEL EFFET je recherche** : Autrement dit, quel est ou quels sont mon ou mes objectifs (connaissance de l'enjeu) ?
- **QUEL MOYEN sera le plus approprié** : Vaut-il mieux téléphoner, envoyer une lettre ou un courriel, aller rencontrer les gens ? Doit-on convoquer une conférence de presse ou se contenter d'expédier un communiqué de presse ?

Après seulement, je pourrai songer au contenu du message. Pour que la communication soit efficace, pour que je réalise mon objectif et que le résultat du processus de communication coïncide avec l'effet recherché, il faut donc au préalable effectuer un travail de préparation.

Une communication efficace exige une préparation intellectuelle adéquate.

Dans une communication avec enjeu, le défaut de préparation entraîne souvent des résultats opposés à l'objectif initialement visé.

▸ Le 28 janvier 1998, le président des États-Unis, Bill Clinton, déclare publiquement : « Je n'ai jamais eu de relations sexuelles avec cette dame [Monica Lewinsky]. » Le harcèlement politique et médiatique dont il a fait l'objet au cours des 13 mois qui ont suivi prouve que sa déclaration était malencontreuse en ce sens qu'elle a obtenu un effet contraire à celui qui était recherché (calmer les opposants politiques et satisfaire l'opinion publique). De toute évidence, Bill Clinton s'était mal préparé. Quoique, dans son cas, tout comme pour Lionel Jospin, ce sont ses conseillers qui avaient été bien mal inspirés.

4. LA PRÉPARATION INTELLECTUELLE

Avec le temps, j'ai mis au point une méthode personnelle de composition des messages que j'utilise pour mes clients avec un certain succès et qui, pourvu qu'on l'applique avec rigueur, permet de trouver le contenu convenant à toutes les circonstances. Cette méthode consiste à cerner, avec le plus de précision possible, le sujet, les interlocuteurs ainsi que les objectifs.

- *Le sujet.* Toute communication avec enjeu porte sur un sujet qu'il convient de bien préciser. Rien de pire qu'un sujet vague, mal défini ou dont on change en cours de route : la communication risque de ne mener nulle part ou d'entraîner de la confusion et de l'incompréhension.
- *L'interlocuteur ou les interlocuteurs.* Il faut aussi bien identifier le ou les interlocuteurs et bien cerner leurs intérêts, besoins, attentes, espoirs, connaissance antérieure du sujet, préjugés, humeur du moment, caractère, situation actuelle, etc. Sans quoi, vous risquez de ne pas intéresser ni toucher le ou les interlocuteurs, voire de froisser, choquer et d'obtenir un effet contraire à celui initialement prévu.
- *L'objectif ou les objectifs.* Vous ne pouvez vous lancer dans un processus de communication avec enjeu sans avoir déterminé au préalable l'effet que vous recherchez. Attention, il peut y avoir une grande distance, intellectuellement parlant, entre le sujet et l'objectif final d'une communication.

▸ Pour Noël, j'ai écrit à ma tante Ursula ; dans cette lettre, je lui offre mes vœux et l'assure de mon affection. Mon objectif est de lui faire plaisir mais, au-delà, mon objectif final est... l'héritage de la tante Ursula.

L'erreur la plus commune, c'est la confusion entre **QUI** et **À QUI**. La plupart des gens font de la communication projective, c'est-à-dire qu'ils projettent sur les autres leurs propres intérêts, espoirs et humeurs ; ils ne tiennent pas compte des intérêts, besoins et humeurs des autres. Finalement, ils parlent pour se conforter, se gratifier, se justifier, se convaincre eux-mêmes qu'ils sont bons, intelligents et combien ils ont raison. Ils se parlent à eux-mêmes. Ce qui est vrai pour les individus est vrai pour les organisations qui, ne considérant que leur intérêt, ont beaucoup de mal à se mettre à la place et à la portée du public.

▸ Une grande institution bancaire canadienne a décidé de supprimer certaines de ses agences de quartier. Dans son communiqué et dans les déclarations à la presse, ses porte-parole n'ont évoqué que les avantages qui en découlaient pour elle : rationalisation, administration simplifiée, centralisée donc plus économique grâce à un nouveau système informatique. Pas un mot pour faire accepter ces fermetures aux clients, surtout les vieilles personnes, les handicapés et les artisans débordés de travail qui seront dorénavant obligés de marcher un kilomètre pour effectuer leurs opérations bancaires.

L'objectif du président Bill Clinton était clairement de se disculper et d'enterrer le problème. Il aurait dû être de neutraliser ses adversaires politiques (qui cherchaient à prouver que le président était un menteur) et de montrer à la population qu'il n'avait rien à cacher. Si l'on se fie aux résultats obtenus, lui et ses conseillers n'ont pas pensé qu'il s'adressait à des dizaines de milliers de gens qui ont été témoins d'idylles sur les lieux de travail, qui ont peut-être eux-mêmes pratiqué le sexe au bureau ou qui ont rêvé de le faire. Conclusion :

Ce n'est pas parce que l'on connaît son sujet que l'on sait en parler de façon efficace.

En général, dans les processus communicationnels avec enjeu, les objectifs les plus courants sont : informer, expliquer, convaincre, dissuader, rassurer, gagner du temps, etc. Mais informer de quoi, expliquer quoi, convaincre de quoi, rassurer ou gagner du temps en disant quoi ? Pour réaliser votre objectif, il vous faut bâtir un argumentaire.

4.1. L'ARGUMENTAIRE

Trouver les arguments pour informer et convaincre en tenant compte des intérêts, besoins, attentes, espoirs, connaissance antérieure du sujet, préjugés, humeurs, caractère, situation particulière des interlocuteurs est une chose difficile. Il faut souvent faire abstraction de ses intérêts immédiats, de ses sentiments, accepter ses responsabilités, ravaler sa mauvaise humeur. Bill Clinton, pour neutraliser ses adversaires et montrer à la population qu'il n'avait rien à cacher, aurait dû déclarer : « J'ai eu une liaison avec Monica Lewinski, j'ai commis une erreur, je le regrette. » Ses opposants étant désarmés, les médias en auraient parlé pendant quelques semaines, puis seraient passés à autre chose et on lui aurait pardonné.

Pour composer un argumentaire qui ait des chances de tenir la route, je préconise la méthode suivante.

- En gardant toujours en tête les caractéristiques des interlocuteurs (besoins, humeurs, connaissance antérieure du sujet, etc.) et l'objectif poursuivi, **procéder à un remue-méninges** (*brainstorming*) avec d'autres personnes qui exerceront leur esprit critique ; retenir, en vrac, les arguments qui vous viennent spontanément en tête.
- **Hiérarchiser ces arguments** en fonction de leur puissance informative ou de leur force de conviction de façon qu'il y ait un lien logique entre eux et que l'ensemble forme un bloc démonstratif rigoureux à la manière du

syllogisme d'Aristote (Tous les hommes sont mortels – Je suis un homme – Donc, je suis mortel). Je préfère le terme *argument* à l'expression *message clé* employée couramment par les relationnistes professionnels, car le message clé n'implique pas entre les divers éléments du message une relation syllogistique capable de convaincre. Les listes de messages clés ou de questions-réponses fournies à leurs clients par les agences de communication sont généralement trop longues pour que l'on puisse les retenir et faire une démonstration véritablement convaincante; tout au plus permettent-elles de renvoyer la balle aux questionneurs trop insistants.

- **Tester la valeur de chacun de ces arguments et les valider**. Est-ce que ces arguments ont du sens sur le plan sociologique, économique, politique? Ils en ont pour moi, mais en ont-ils pour ceux à qui je m'adresse? Me permettront-ils d'atteindre mes objectifs? Tout argument qui ne passe pas le test doit être rejeté. Il faut faire la distinction entre *ce que je veux dire* et *ce qu'il faut dire.* On ne fait pas un argumentaire sur une nappe de papier au coin d'une table de restaurant, mais à l'aide d'un tableau mural, ce qui permet d'avoir une vue synoptique de tous les arguments, de vérifier si chacun d'eux ne s'éloigne pas du sujet, s'il correspond aux objectifs fixés, s'il répond aux interrogations des récepteurs et s'il existe bien entre chacun d'eux un enchaînement logique.

> ▸ Ma vieille mère me demande de lui expliquer ce qu'est un ordinateur. Je pourrais me lancer dans une explication pseudo-scientifique afin de me valoriser à ses yeux, mais sa connaissance antérieure du sujet est nulle. Mon objectif étant de l'informer et non de me valoriser, j'emploie les arguments suivants: «Tu sais ce qu'est une machine à écrire? un phonographe? une machine à calculer? le télégraphe? la télévision? Oui? Eh bien, un ordinateur, c'est tout ça miniaturisé et rassemblé dans un seul appareil!»

- En essayant de trouver des arguments ayant entre eux un lien logique, il convient de se rappeler que ce qui est logique pour un groupe professionnel, culturel ou religieux peut paraître complètement illogique pour d'autres; les difficultés d'adaptation de certains groupes d'immigrés et les difficultés d'intégration de la société d'accueil en sont une illustration parfaite. Il faut aussi faire attention à la fausse logique: Tout ce qui est rare est cher – Un cheval bon marché, c'est rare – Donc, un cheval bon marché est cher. L'argument de départ (la prémisse) est faux: il y a des choses rares qui n'ont aucune valeur marchande: la fleur emblème de l'Ontario, le trillium, est si rare que sa cueillette et sa vente sont interdites.
- En faisant la **somme des arguments**, on en arrive presque toujours à une conclusion (Donc, je suis mortel); cette conclusion, qui résume et termine l'ensemble de l'argumentation, est ce que j'appelle le *message principal*. Ce message principal sera présenté sous la forme d'une phrase ne dépassant pas 10-15 secondes et répété tout au long de la conversation; il pourra, sous forme abrégée, servir de titre à un article de journal ou de première phrase (le *lead*) à un communiqué de presse. Dans une entrevue, citer le message principal au début, le rappeler de temps à autre en variant la forme vous permettra d'éluder une première question ou les questions subséquentes hors du sujet ou de retrouver le fil de votre argumentaire.
- Dans les cas où il y a divergence d'opinions, discussion ou polémique, faire la même chose avec *les arguments contre*. Autrement dit, si vous avez le temps, mettez-vous dans la peau de l'interlocuteur qui n'est pas d'accord ou qui n'est pas satisfait et qui cherchera toujours à apporter des objections (« Oui, mais... ») et trouver, avant d'entrer dans le processus communicationnel, les réponses à ses objections ou demandes d'explication.
- **Faire un plan**. Ce plan peut être l'ordre logique dans lequel les arguments se présentent, mais ce peut être aussi, pour des raisons tactiques, l'ordre inverse ou

l'ordre nestorien (du non de Nestor, un roi légendaire de l'Antiquité qui avait gagné une bataille en plaçant ses troupes les plus faibles au centre et ses troupes les plus fortes à droite et à gauche).

4.2. LE SYLLOGISME INVERSÉ

J'emprunte à mon ancien collègue et confrère Jean Larin[5] la technique du syllogisme inversé, procédé mnémotechnique pouvant faciliter la composition de l'argumentaire et la détermination du message principal.

Au tableau, dessinez un triangle isocèle, la pointe en bas, relié par la pointe à un triangle isocèle semblable, la pointe en haut. Dans la partie supérieure du triangle du haut, inscrivez ce qui vous semble être la prémisse de départ, puis, au-dessous, les arguments qui la suivent logiquement, de la cause à l'effet, jusqu'à l'idée-force qui résume l'ensemble ou la conclusion qui en découle ou le résultat de la déclinaison de ces arguments. C'est le message principal, celui qui, répété tout au long de votre argumentation, aura le plus de chances de rester dans la mémoire de l'interlocuteur. C'est à partir de ce message principal que l'interlocuteur refera la démonstration en sens inverse, de l'effet aux causes immédiates et lointaines. C'est ce message principal qui se retrouvera dans la mémoire de votre futur employeur ou qui fera vraisemblablement la manchette des journaux.

5. Jean LARIN, journaliste et avocat. Ancien correspondant de la Société Radio-Canada à Ottawa, Washington et Londres. Actuellement directeur général de Radio-Canada International.

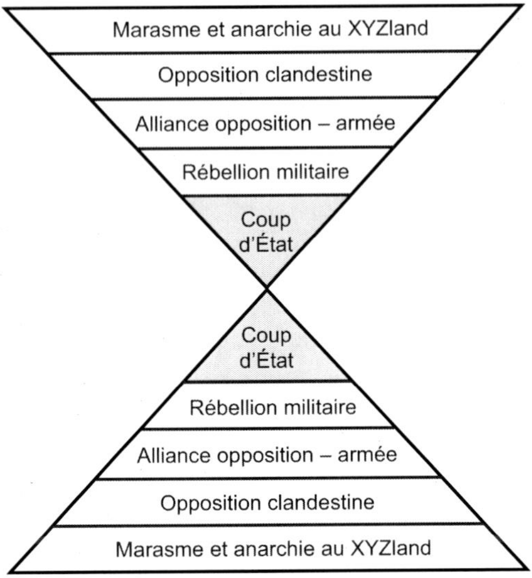

▸ Un coup d'État dans un pays dit « émergent », le XYZland. L'argumentaire syllogistique serait : 1) C'est le marasme et l'anarchie dans ce pays gouverné par un dictateur. 2) Une opposition clandestine s'organise. 3) Cette opposition s'allie avec des chefs militaires. 4) Une rébellion armée éclate. Conclusion : Coup d'État au XYZland.

La plupart des interlocuteurs vont faire le raisonnement inverse. Constat : Il y a un coup d'État au XYZland parce que… 1) L'armée s'est rebellée parce que… 2) Il y a eu alliance entre ses chefs et l'opposition parce que… 3) L'opposition est née malgré la dictature parce que... 4) C'était le marasme et l'anarchie dans ce pays depuis la décolonisation.

4.3. L'ARBRE DE LA COMMUNICATION

J'emprunte encore, cette fois à ma consœur Hélène Tirole[6], la technique de l'arbre de la communication, autre procédé mnémotechnique qui peut vous aider à étoffer un

6. Hélène TIROLE, formatrice en communication et en lecture rapide. PDG des Bouquinistes du Saint-Laurent depuis leur fondation en 1991.

argumentaire par des sous-arguments ou sous-thèmes particulièrement utiles lorsque vous avez à faire une longue démonstration devant un futur employeur ou un auditoire dont vous êtes le conférencier invité.

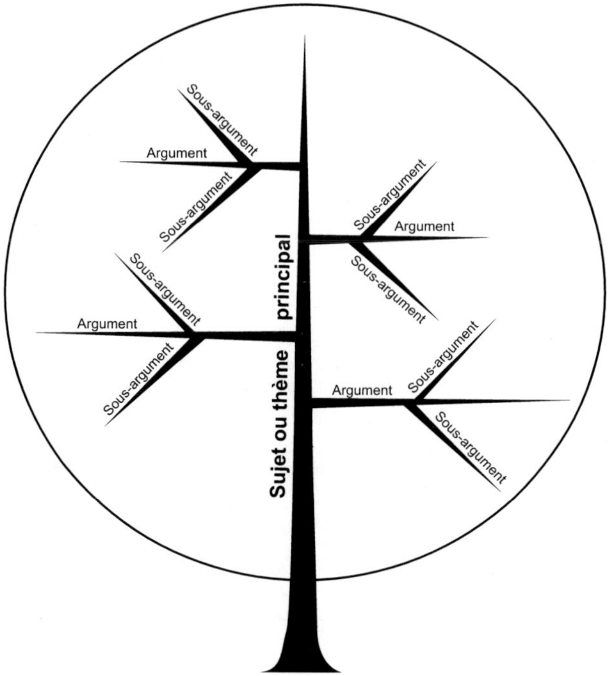

Au tableau, tracez une ligne verticale représentant le tronc de l'arbre et portant le sujet ou le thème de la communication. Dessinez quatre, cinq ou six branches représentant chacun des arguments. Attention : le cerveau humain ne peut pas traiter plus de cinq ou six idées à la fois. Sur chacune de ces branches, disposez quelques branchettes portant chacune un sous-argument (ou sous-thème). Toute votre argumentation se trouve là, devant vous, les rapports syllogistiques entre le sujet, les arguments principaux et les sous-arguments illustrés par la hiérarchie existant entre le tronc, les branches et les branchettes de cet arbre stylisé. Cela fait un peu puéril, mais ça marche !

5. LE VERBAL ET LE NON-VERBAL : L'ÉQUATION DE MEHRABIAN

Avant d'aller plus loin, il nous faut dégager les principales différences existant, du point de vue de la perception sensorielle, entre la communication audiovisuelle (interpersonnelle, parole publique et communication médiatique) faisant intervenir la parole et les gestes, la communication auditive reposant sur la voix seule et, enfin, la communication écrite.

5.1. LA COMMUNICATION ÉCRITE

La communication écrite s'adresse à un seul sens, la vue, et exige une opération préalable purement mécanique, le décodage. Si vous ne connaissez pas la langue, vous n'accédez pas au contenu ; ce n'est qu'après avoir décodé le texte écrit que vous avez une réaction émotive ; ce n'est qu'après avoir lu la phrase complète de l'article de journal (à moins d'avoir deviné la suite) que vous vous exclamerez « C'est pas vrai ! Ils n'ont pas fait ça ! » ou « On a gagné ! ».

5.2. LA COMMUNICATION AUDITIVE

Ne concernant elle aussi qu'un seul sens, l'ouïe, et utilisant comme moyen la voix et la parole, la communication auditive possède une puissance émotive intrinsèque : au téléphone ou à la radio, le récepteur sait d'emblée quel est le sexe de son interlocuteur et quelles émotions ou absence d'émotion transporte cette voix. Mais si vous ne connaissez pas le code d'accès, c'est-à-dire la langue, votre compréhension s'arrêtera là.

5.3. LA COMMUNICATION AUDIOVISUELLE

La communication audiovisuelle ne se limite pas au cinéma et à la télévision. Est audiovisuelle toute communication impliquant les deux sens : l'ouïe et la vue, que les interlocuteurs soient enregistrés sur vidéo ou qu'ils soient face à face, en chair et en os. Vous avez d'abord une réaction émotive à la vue de votre interlocuteur et en entendant sa voix. Vous êtes impressionné favorablement ou non par son sexe, son âge, son habillement, son allure, ses regards, mimiques, gestes, intonations, etc. Ensuite seulement, vous avez une réaction intellectuelle : « Cet individu a l'air d'un voyou mais ce qu'il dit est intéressant. »

L'impact d'un message audiovisuel est la somme, d'une part, du contenu verbal d'un point de vue purement intellectuel, soit les propriétés de la voix du locuteur, les mots qu'il emploie et la façon dont il les exprime, et d'autre part, du non-verbal, soit la manière dont le message est communiqué du point de vue visuel.

Dès 1972, Albert Mehrabian proposait l'équation suivante[7] qui, à quelques variantes près, continue d'être citée par la plupart des spécialistes :

Impact d'un message audiovisuel = 100 %

Le contenu	7 %
Le verbal	38 %
Le non-verbal	55 %

Je peux dire : « Monsieur Dupont-Durand » ou « Ce monsieur » ou « Ce type » ou « Cet idiot » ou même « Ce saligaud ! ». Quels que soient les mots employés, le ton sur lequel je les prononce, les mimiques et les gestes qui les accompagnent, ce sera toujours M. Dupont-Durand. Sauf que, bien sûr, mon message n'aura pas le même impact.

7. Albert MEHRABIAN, *Non-Verbal Communication*, New York, Aldine, 1972.

Tout ce qui impressionne les sens prend le pas sur le contenu.

Cela dit, il y a certaines situations où le message conserve sa pleine capacité d'impact, quels que soient les mots employés, la manière de les dire et les comportements non verbaux qui les accompagnent. Quand un juge dit à l'accusé « Vous êtes condamné à la prison à perpétuité ! », quelle que soit la manière dont le juge s'exprime ou bouge, l'accusé reçoit le message à 100 %. Même chose quand un patron dit à un employé : « Vous êtes renvoyé. » Ou encore, pour évoquer des événements heureux, quand on vous annonce que vous avez gagné le gros lot, celui ou celle qui fait l'annonce peut bien parler d'une voix neutre, demeurer impassible et ne faire aucun geste, vous sautez de joie.

Toutefois, ce n'est pas tout le monde qui est condamné à la prison à perpétuité ou qui gagne le gros lot. Dans la vie courante, on ne se souvient généralement que très imparfaitement du contenu exact du message. Il ne reste qu'une impression générale : l'émetteur était sympathique, voire séduisant ; il avait de l'aisance et de l'autorité ; il avait une allure énergique et parlait avec conviction ; bref, il était crédible. Dans notre société médiatique, pour réussir en politique, il faut maintenant simplifier parfois à l'extrême son programme, mais parler avec aisance, avoir un niveau de langage agréable et savoir se comporter avec facilité devant les auditoires et les caméras. La plupart des candidats aux postes élevés font appel à des « faiseurs d'images ».

Par ailleurs, on constate que plus il y a de sens sollicités, plus efficace est la communication. Dans la communication interpersonnelle, on se touche (tape sur l'épaule, prise de la main), on sent l'odeur de l'autre et l'on transmet ainsi autre chose que le contenu verbal proprement dit du message. En communication écrite, les éditeurs des magazines féminins espèrent attirer plus de lecteurs en parfumant les pages – procédé douteux, tellement ces parfums sont artificiels et forts. Dans une campagne électorale, les candidats prennent des « bains de foule » et serrent des mains. En situation de grande écoute, par exemple au cirque, dans les grandes assemblées politiques ou encore dans certaines cérémonies religieuses, les auditeurs sont épaule contre épaule, ils se touchent pour marquer leur approbation, ils respirent l'odeur de la salle, celle des autres, la poussière, l'encens. La communication est tellement efficace que leurs réactions spontanées se traduisent par des applaudissements, des cris, des larmes, des déformations du faciès par la joie, la colère ou l'extase.

6. LE SIGNIFIANT ET LE SIGNIFIÉ

Le linguiste suisse Ferdinand de Saussure (1857-1913) est le premier à avoir fait la distinction entre langage, langue et parole, et à avoir souligné le caractère arbitraire du langage par rapport à son interprétation : « Le signe linguistique est le total résultant de l'association d'un signifiant et d'un signifié[8]. » On distingue le signifiant, qui est le contenu intellectuel abstrait du message, et le signifié, qui est la signification réelle du contenu.

▸ Quand je dis « J'ai soif ! », le signifiant est « Mon corps a besoin d'être hydraté », mais le signifié peut être « Donne-moi à boire », selon le ton que j'utilise. De même, dans « Tu viens ? ! », le signifiant est « Tu arrives dans ma direction ? », mais le signifié est sans doute « Dépêche-toi ! » et même « J'en ai assez d'attendre ! ».

Dans le sillage de Ferdinand de Saussure, d'autres auteurs distinguent les types d'énoncés caractérisés par l'intonation et, dans l'écrit, par des signes de ponctuation :

- énoncé assertif : « Tu ne fais rien. » (constatation) ;
- énoncé interrogatif : « Tu ne fais rien ? » ;

8. Ferdinand DE SAUSSURE, *Cours de linguistique générale*, édition critique par Tullio De Mauro, Paris, Payot, 1972.

- énoncé exclamatif: « Tu ne fais rien ! »;
- énoncé suspensif: « Tu ne fais rien... » (sous-entendu: « ... alors qu'il y a tant à faire ! »).

Ajoutons que les mots ont une signification objective et une signification subjective selon la culture, l'époque, les circonstances et le vécu des récepteurs. Le mot *bouchon* signifie des choses complètement différentes selon que l'on rentre en ville le dimanche soir ou que l'on débouche une bonne bouteille. Les mots *guerre* et *mort* n'ont pas la même signification selon que l'on vit en Suède ou au Proche-Orient; le mot *terrorisme* n'a pas aux États-Unis la même connotation maintenant qu'avant le 11 septembre 2001; l'expression *amour maternel* a une signification différente selon que l'on est un homme ou une femme, une femme célibataire ou une mère de famille. Quand des francophones nord-américains entendent un Français parler de ses *gosses*, ils ne peuvent s'empêcher de sourire car, pour eux, « gosses » signifie *couilles* !

7. LES LOGIQUES ILLOCUTOIRE ET INTERLOCUTOIRE

Par acquit de conscience, signalons que certains psycholinguistes et sociolinguistes ont avancé les concepts de logique illocutoire et de logique interlocutoire.

LOGIQUE ILLOCUTOIRE[9]: *un acte de langage est satisfait et accompli avec succès et sans défaut si et seulement si:*

- *le locuteur réussit à dire ce qu'il veut;*
- *le contenu du message est vrai;*
- *il y a correspondance entre la réalité et les mots;*
- *l'acte de langage a atteint son but.*

9. Daniel VANDERVEKEN, *Logique des actes de discours & les fondements de la pragmatique*, mémoire au Conseil de recherches en sciences humaines du Canada, 2001.

Donc, un acte de langage peut réussir ou échouer: une assertion est satisfaite quand elle est vraie, une promesse quand elle est tenue, un conseil quand il est suivi, une demande quand elle est accordée, une prière quand elle est exaucée, un ordre quand il est suivi. Sauf que le locuteur peut fort bien réussir son acte de langage et atteindre son but même si l'assertion est fausse et que les mots ne correspondent pas à la réalité!

LOGIQUE INTERLOCUTOIRE[10]: *un acte de langage est satisfait et accompli avec succès et sans défaut si et seulement si:*

- *la réussite de la communication dépend non seulement de la signification intrinsèque du contenu mais de la réaction des interlocuteurs, donc de l'interprétation qu'ils font du signifiant et du signifié;*
- *la signification d'un message n'appartient ni à l'émetteur ni au récepteur, mais elle est le produit de leur relation, que celle-ci ait précédé ou suivi l'acte de communication;*
- *plus l'interprétation d'un message demande d'efforts, moins il est pertinent et, inversement, plus le message produit de l'effet, plus il est pertinent.*

Là encore, on pourrait objecter que, dans certaines situations de dominance, la communication peut réussir si l'interlocuteur se soumet, quelle que soit l'interprétation qu'il fait de l'acte de communication. On pourrait aussi objecter que ce n'est pas la signification du message qui est le produit de la relation entre les interlocuteurs, mais l'inverse, ce qui se vérifie tous les jours dans la vie courante. Ou encore que des messages extrêmement pertinents n'ont pas demandé beaucoup d'efforts d'interprétation mais qu'ils n'ont produit aucun effet. Mais nous sommes ici en train de discuter du sexe des anges. D'ailleurs, ces concepts, bien qu'enseignés dans les écoles de communication et de linguistique, sont encore au centre d'une controverse entre théoriciens.

---

10. Alain TROGNON et Christophe BRASSAC, « L'enchaînement conversationnel », *Cahiers de linguistique française*, n° 13, 1992, p. 76-107.

La **pragmatique**, au sens nouveau que lui donnent les spécialistes du langage, est l'étude des relations entre les éléments du message, de leur signification et de l'usage qu'on en fait. Dans cette perspective, de sa définition à ses applications, qu'elle soit interpersonnelle, de groupe, médiatique ou de crise, la communication ne peut être que pragmatique au sens étymologique du terme.

CHAPITRE 2

LA COMMUNICATION INTERPERSONNELLE

Tu m'écoutes quand je te parle ? !

La communication interpersonnelle est une opération réunissant un nombre restreint de locuteurs (en général pas plus de deux) qui sont tour à tour émetteurs et récepteurs ou susceptibles de le devenir. Elle se distingue de la communication de groupe réunissant au moins trois interlocuteurs et de la prise de parole en public (un émetteur face à un groupe). Elle se distingue aussi de l'expression personnelle au cours de laquelle l'émetteur, même en présence d'autrui, verbalise ses états d'âme ou ses pensées pour lui-même (expression instinctuelle ou soliloque), puisqu'il n'y a pas de volonté d'échanger des informations avec l'autre, ni d'en arriver à un accord mutuel, encore moins d'engager une action commune. Nous exclurons de même le dialogue spontané et sans enjeu dans lequel, même si les interlocuteurs échangent des informations (sur le temps qu'il fait, l'heure ou les petites difficultés quotidiennes), il n'y a pas de volonté d'influencer l'autre ni d'en arriver à un accord ni d'engager une action commune.

Du seul fait que l'on est en présence des autres, on communique ne serait-ce que son sexe, son âge, son pouvoir de séduction, ses façons d'être et d'agir, ses comportements et, dans une mesure moindre, son état de santé et son état psychologique ainsi que son niveau social. La non-communication n'existe pas.

Le refus de communiquer est un acte de communication.

- Dans un avion, vous êtes assis à côté d'une personne qui vous assomme en vous racontant sa vie. Vous décidez de vous allonger le plus possible et de fermer les yeux en faisant semblant de dormir. Vous refusez la communication, mais vous communiquez quand même le message : « Cessez de parler et laissez-moi dormir. »

1. LES INTERLOCUTEURS

La communication interpersonnelle implique une relation avec l'interlocuteur, que celle-ci précède l'échange ou naisse de cet échange. Quand on communique avec quelqu'un pour la première fois, on établit une relation. Quand on est déjà en relation avec quelqu'un, on communique nécessairement ; sans cela, il n'y a plus de relation.

1.1. CIBLER LE RÉCEPTEUR

La communication interpersonnelle a pour résultat et parfois même pour objectif ultime l'affirmation du *moi.* Je veux informer l'autre, le convaincre, obtenir de lui des informations ou, au contraire, je ne veux pas me laisser convaincre ni répondre à ses questions ; ce faisant, je me projette sur lui ou je me replie sur moi-même, m'affirmant face à lui. Et je fais tout cela conformément à mon caractère, mon humeur, mon éducation, mon instruction, mon expérience de la vie. On confond facilement **qui** et **à qui.** On parle pour se conforter, pour se convaincre qu'on a raison, pour se justifier, pour se gratifier, pour s'affirmer face aux autres. On ne tient pas compte de la situation psychosociale de l'interlocuteur ni des circonstances peut-être peu favorables. On n'a pas circonscrit le sujet ni déterminé ses objectifs, ni préparé ses arguments, ni pensé aux effets adverses que l'on pourrait obtenir. Le message est mal préparé, les moyens sont inappropriés : on ne pratique pas l'auto-écoute, c'est-à-dire le contrôle de ce qu'on dit au fur et à mesure qu'on le dit, on transforme le dialogue en monologue, on se laisse emporter par ses émotions, on substitue le cri à la parole.

▸ Une amie m'annonce d'un air maussade et résigné qu'elle et sa famille iront passer leurs vacances d'été en Gaspésie pour la cinquième année consécutive. « Mon mari est fou de la Gaspésie : il y retrouve des copains avec qui il fait de l'escalade, des sorties en mer, etc. Moi, je suis toute seule avec les enfants qui s'ennuient ; la mer est glacée, on ne peut pas se baigner ; les soirées sont fraîches et on s'enrhume. Je lui ai dit tout ça mais il ne veut rien entendre : c'est la Gaspésie ou rien ! »

Nous avons alors ensemble cherché des arguments qui pourraient le toucher lui, le mari, et non pas elle, l'épouse. Et voilà ce que cette dame a dit à son mari : « Moi, je veux bien aller encore en Gaspésie, mais tu vas encore risquer ta vie comme quand vous avez dévissé en montagne (et ce pauvre Gaston est toujours estropié) ou comme la fois où vous avez failli chavirer en mer et s'il n'y avait pas eu la garde côtière… ! Et puis le petit est encore faible des bronches et c'est toi qui vas avoir à passer deux jours et deux nuits dans les corridors de l'hôpital de Gaspé comme il y a deux ans. Et tu n'as pas encore changé ta vieille Volvo. L'an dernier, tu as dû la faire remorquer jusqu'au plus proche concessionnaire Volvo qui est à Sainte-Anne-des-Monts, à 240 kilomètres de Gaspé. Ça t'a coûté les yeux de la tête, sans parler que tu as été privé de voiture pendant une semaine. »

Grâce à cet argumentaire ciblé, non pas sur l'émetteur mais sur le récepteur, cette famille a enfin changé de destination vacances.

1.2. TENIR COMPTE DES CONTEXTES

Toute personne engagée dans un processus de communication interpersonnelle se trouve dans un contexte donné. Ne pas en tenir compte est sans doute l'une des causes fréquentes de l'échec du dialogue. Il faut donc s'interroger : **Qui est l'émetteur ?** Celui qui parle ? Dans quelle situation est-il ? Quels sont ses intérêts, ses attentes, ses besoins, sa connaissance antérieure du sujet, ses préjugés, son humeur du moment, son état de fatigue ? De même : « Qui suis-je ? Quelle est ma situation ? Suis-je trop nerveux ? Quels sont mes intérêts, mes attentes ? » **Qui est le récepteur ?** Celui à qui l'on parle ? Dans quelle situation est-il ? Quels sont ses intérêts, ses attentes, ses besoins, sa connaissance du sujet, sa capacité de compréhension, ses préjugés, son humeur du moment ? **Où et quand est-on ?** Le lieu est-il propice au dialogue ? Y a-t-il des bruits parasites, des influences néfastes ? Est-ce bien le moment d'évoquer cette affaire ? Est-on dans une atmosphère de deuil, de violence ou de fête ? Traite-t-on d'affaires familiales ou commerciales ? Y a-t-il trop de monde autour de nous ?

Dans tout dialogue, peu importe le contexte, l'interaction entre les interlocuteurs crée un feed-back constant entre eux. L'humeur de l'un peut avoir des répercussions sur l'autre ; ce qu'il dit peut plaire ou déplaire ; la présence de tiers qui écoutent est inquiétante et on ne dit pas tout ce qu'on voudrait dire, c'est énervant ; le bruit ambiant oblige à crier et réduit la compréhension.

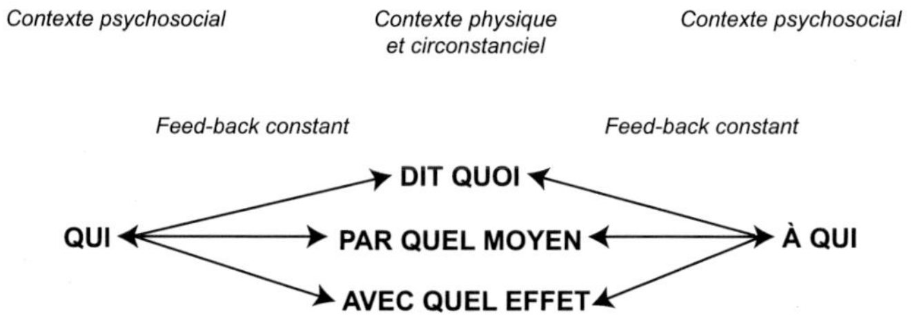

▸ Deux amis sont en désaccord sur le nombre de kilomètres entre Montréal et Toronto. Georges dit qu'il y a 550 kilomètres et Bernard affirme qu'il y en a au moins 580. Après vérification, Georges a raison et triomphe. Bernard est vexé. Georges est inquiet d'avoir vexé Bernard, regrette d'avoir été si peu modeste et s'excuse. Bernard retrouve le sourire.

1.3. DIFFÉRENCES HOMMES-FEMMES

S'ajoutent aux divers contextes et aux rétroactions possibles toutes les différences que l'on peut rencontrer entre deux individus. Mais qu'en est-il de celles qui existent entre les sexes ? Le cerveau des hommes et celui des femmes[1] ne sont pas configurés de la même façon. Ces différences ont été mises en évidence par l'imagerie à résonance

1. Allan et Barbara PEASE, *Pourquoi les hommes n'écoutent jamais et les femmes ne savent pas lire les cartes routières*, Paris, First, 1999.

magnétique. Essentiellement les femmes profitent, d'une part, d'une plus vaste et meilleure répartition dans les deux hémisphères des sièges de l'émotion, de la parole et du vocabulaire et, d'autre part, d'un plus grand nombre de connexions (30 %) dans le corps calleux situé entre les deux hémisphères. Ces différences entraînent, pour la majorité des individus, des différences d'aptitudes communicationnelles :

- les petites filles parlent plus tôt que les petits garçons ;
- les femmes utilisent chaque jour de 6000 à 8000 mots (les hommes : de 2000 à 4000) ;
- les femmes utilisent chaque jour de 2000 à 3000 sons vocaux (les hommes : de 1000 à 2000) ;
- les femmes utilisent chaque jour de 8000 à 10000 signes non verbaux (les hommes : de 2000 à 3000) ;
- en gros, disons que les femmes ont à leur disposition environ 20000 unités d'expression (mots, sons et signes non verbaux), alors que les hommes n'en ont que 10000.

Par ailleurs, les femmes bénéficient en général de meilleures perceptions sensorielles.

- Les femmes ont une ouïe plus fine que celle des hommes et sont, mieux que les hommes, capables de distinguer, séparer et catégoriser les sons ; elles sont plus sensibles aux affects ; elles peuvent parler et écouter en même temps.
- Alors que les hommes ont une vision rectiligne, les femmes ont une vision périphérique (souvent à 180°) et, disposant d'un plus grand nombre et d'une plus grande variété de cônes dans la rétine, elles voient plus large et elles sont plus sensibles aux couleurs.
- Les femmes ont un meilleur odorat que les hommes ; leur odorat est encore plus efficace pendant l'ovulation ; elles sont donc plus sensibles aux odeurs.

- Enfin, les femmes ont la peau plus mince que les hommes ; leurs récepteurs du toucher sont dix fois plus sensibles. Elles sont donc plus sensibles au toucher que les hommes ; elles prennent plus facilement la main, caressent volontiers les visages, embrassent plus souvent. Les hommes vont préférer la poignée de main, la tape dans le dos, la bourrade.

▸ Un vendeur dans un grand magasin m'a confié que, pour convaincre plus facilement les femmes d'acheter, il leur prend doucement le poignet.

Par contre, les femmes sont moins aptes que les hommes à classer et à stocker les informations. Elles ont besoin de repasser verbalement les informations reçues pour mieux les mémoriser et elles ont donc tendance à penser à haute voix. Les femmes, plus que les hommes, annoncent volontiers ce qu'elles sont sur le point de faire, commentent ce qu'elles sont en train de faire et rappellent ce qu'elles viennent de faire. Pour mieux les mémoriser, les femmes ont tendance à raconter leurs journées de travail dans le détail, alors que les hommes vont se contenter de grommeler… à moins qu'ils n'aient réussi un coup d'éclat ! Les femmes parlent plus pour établir ou maintenir des liens que pour partager de l'information ; leur communication est toujours plus spontanée et projective.

1.4. CODE ET CONTACT

Pour que le dialogue soit efficace, deux conditions sont absolument essentielles :

- *L'identité de code*. Parle-t-on la même langue ? Utilise-t-on des particularités langagières ? Le vocabulaire est-il le même ? Existe-t-il des différences de culture ?
- *Le contact*. Il faut que l'interlocuteur soit en situation d'écoute, donc obligation de le conditionner, même s'il est peu disposé à engager le dialogue, grâce aux

modes impératif (ordre : « Écoute-moi ! »), interrogatif (question : « Sais-tu ce que nous devrions faire ? »), incitatif (séduction : « Tu me ferais plaisir si tu me le disais. ») ou faisant appel à l'intérêt (« Ça vaudrait mieux si tu le disais. »).

Dès qu'il y a contact, il y a communication. L'interlocuteur peut être imperméable à la communication s'il n'y a pas identité de code (parlez-vous le japonais ?) ou si le contact ne se fait pas (le mari qui met son journal en écran face à sa femme qui désire lui parler), mais on communique toujours son incapacité à communiquer ou sa volonté de ne pas communiquer.

2. LES CONTENUS

Dans tout dialogue avec enjeu, on doit circonscrire le sujet, déterminer ses objectifs en fonction des contextes dans lesquels se trouvent les deux interlocuteurs, puis élaborer un argumentaire permettant d'atteindre ces objectifs et, enfin, prévoir les contre-arguments. Bien que la forme et le fond soient indissociables, il nous faut les étudier séparément et préciser le contenu de notre intervention tant sur le plan intellectuel qu'émotionnel.

2.1. LE CONTENU INTELLECTUEL OU COGNITIF

C'est la précision du langage qui conditionne la finesse de l'analyse et de l'expression de la réalité. Autrement dit, un vocabulaire pauvre, imprécis ou obscur, une grammaire et une syntaxe floues nuisent à l'efficacité de la communication. Les argots des banlieues françaises, le joual québécois, les créoles antillais et autres langues vernaculaires enferment leurs utilisateurs dans un monde quasi uniquement affectif et utilitaire peu propice à l'abstraction et à l'échange des concepts.

Des différences langagières existent parmi les utilisateurs d'une même langue. Certains mots issus de l'argot, d'une langue étrangère ou d'un vocabulaire technique deviennent à la mode dans certains milieux tout en demeurant incompréhensibles pour les interlocuteurs venus d'ailleurs. Que l'on songe à tous les mots anglais employés en France dans une acception différente de leur signification d'origine. Une discussion entre un négociateur français linguistiquement inconscient et un interlocuteur étranger parlant parfaitement le français normatif international aura de bonnes chances de se terminer... en anglais ! Chaque métier, y compris les administrateurs et les intellectuels, possède son vocabulaire technique et la tentation est forte d'employer ce vocabulaire avec les autres, que ce soit pour montrer sa supériorité, pour ne pas sortir de sa zone de confort, ou simplement par habitude ou par paresse.

- « Elle me kiffe !... Je la transe en mieux majeur. » – « Avec une telle décote sur les prix planchers, les mégastores sont ringardisés. » – « Oui ! Nous savons gérer correctement les paramètres de cette accentuation de marché. Il suffit d'intégrer les données conjoncturelles de la fluctuation en tenant compte des interfaces pour ne pas se laisser déborder. » – « Nous sommes un éditeur leader de solutions de places de marché verticales dédiées aux communautés PME. »

2.2. LE CONTENU ÉMOTIONNEL

Dans tout dialogue avec enjeu, on cherche presque toujours à dominer l'autre, à l'influencer, on tente de le convaincre du bien-fondé de ses arguments. La communication interpersonnelle est toujours « projective[2] » : le locuteur-émetteur

2. Alex MUCCHIELLI, « Pratiques et mécanismes de la communication », dans Denis Benoît (dir.), *Introduction aux sciences de l'information et de la communication,* Paris, Éditions d'Organisation, 1991.

projette toujours, plus ou moins, sa subjectivité (états d'âme, humeurs, sentiments, valeurs, manies) et nous sommes toujours plus ou moins affectés par la présence d'autrui. Nous devons donc être attentifs à tout ce qui peut servir de vecteur à nos émotions, comme la voix, le choix du vocabulaire, notre attitude.

La parole

C'est la voix qui est le premier vecteur de notre subjectivité. Avant d'ouvrir les yeux, le nouveau-né reconnaît parfaitement la voix de sa mère qui le rassure et le calme. D'après Anne Christophe, chercheure au Conseil national de la recherche scientifique, à Paris, les bébés de quatre jours distinguent sans ambiguïté leur langue maternelle d'une langue étrangère[3]. Or, les caractéristiques de la voix sont influencées par les émotions vécues par les interlocuteurs; elles peuvent même être modifiées volontairement et utilisées pour influencer autrui : on fait « la grosse voix » pour réprimander les enfants.

Voici les principales caractéristiques de la voix qui peuvent influencer volontairement ou involontairement votre interlocuteur.

- *La pose :* elle peut être nasale ou gutturale.
- *La diction :* c'est l'articulation des consonnes et la prononciation des voyelles.
- *Le débit :* la vitesse normale est d'environ 150 mots à la minute.
- *Le rythme :* c'est le ralentissement ou l'accélération à certains endroits.
- *Le volume :* il peut être fort ou faible.
- *Le registre :* il peut être grave ou aigu.

3. Anne CHRISTOPHE, *L'apprentissage du langage, une capacité innée ?*, Paris, Intellectica, 2002, fascicule 34, p. 189 à 210.

Influence des ondes cérébrales

Nous avons effectué à Montréal en 1982, en studio de télévision sous la supervision du Dr Fernand Poirier, neurologue, une série d'expériences avec enregistrement simultané, sur bandes magnétoscopiques, de la voix, de l'image et, sur électroencéphalogrammes, des ondes cérébrales de six locuteurs.

Dans un premier temps, nous avons enregistré les ondes cérébrales des sujets en situation d'attente. Les sujets ayant un type morphologique extraverti émettaient des ondes cérébrales plus fortes que les autres.

Dans un deuxième temps, nous avons fait lire à ces personnes un texte neutre ayant une charge émotionnelle nulle. Les sujets ayant des ondes cérébrales fortes conservaient leur supériorité.

Dans un troisième temps, nous avons demandé aux émetteurs de lire un texte d'actualité à forte charge émotionnelle. Les ondes cérébrales de tous les sujets avaient une plus forte amplitude.

Dans un quatrième temps, nous avons demandé aux sujets d'improviser sur un thème à forte charge émotionnelle. Les amplitudes des ondes cérébrales de tous les sujets ont augmenté de façon sensible. Les sujets ayant déjà, au repos, de fortes ondes cérébrales ont conservé leur supériorité.

Or, aux ondes cérébrales d'émission correspondent des ondes cérébrales de réception d'amplitudes proportionnelles. On peut donc en déduire que :

certains sujets sont de meilleurs communicateurs que d'autres ;

il y a une correspondance entre la valeur sémantique du message, le verbal et le non-verbal avec l'amplitude des ondes cérébrales d'émission et de réception ;

la parole a sur l'auditeur un plus fort impact que la simple lecture.

Cependant, notons que cette expérience, réalisée avec six sujets seulement, ne peut prétendre avoir une valeur scientifique ; ces résultats ne sont donnés qu'à titre indicatif.

- *La scansion,* qui comprend l'accent tonique (en français on prononce hôpi**tal** et en anglais **hos**pital) et l'accentuation (une syllabe ou un mot mis en valeur (**Ja**mais ! Je suis **le** spécialiste !).
- *La modulation :* c'est le registre combiné avec le rythme et le volume.
- *Le timbre :* riche, il est caractérisé par la vibration des résonateurs ; sec et pauvre, il semble métallique.

Dans un dialogue sans vision (d'une pièce à l'autre, dans l'obscurité, au téléphone ou lors d'un duplex radio) le feed-back est intermittent : celui qui parle ne voit ni n'entend celui qui écoute. La subjectivité des interlocuteurs se manifeste seulement dans le verbal : caractéristiques de la voix, élocution, vocabulaire. Ce dernier élément comporte toujours un contenu émotionnel en raison du pouvoir d'évocation des mots utilisés : ce monsieur, cet individu, ce type, cet imbécile, ce salaud, etc., pour désigner la même personne.

Les comportements

L'habillement, la coiffure, le maquillage, les bijoux, les regards, les gestes, les expressions faciales, appelés « comportements » par les spécialistes, prennent une telle importance dans la communication interpersonnelle qu'ils font l'objet d'une section particulière.

3. LES COMPORTEMENTS[4]

Dans toutes les communications interpersonnelles, qu'il s'agisse d'une conversation à bâtons rompus ou d'un dialogue avec enjeu, grâce ou à cause de vos comportements, inconsciemment ou non, vous exposez à votre interlocuteur les différentes facettes de votre personnalité physique ainsi que les manifestations de votre psychisme. Vous êtes

4. Pierre VAYER et Charles RONCIN, *Le corps et les communications humaines*, Paris, Éditions Vigot, 1986.

beau, grand, énergique ou le contraire ; vous êtes joyeux, confiant, sûr de vous ou le contraire ; vous tentez involontairement ou non d'influencer votre interlocuteur pour obtenir son accord, manifester votre désaccord et, d'une manière plus générale, atteindre l'objectif que vous vous êtes fixé. Nous analyserons dans les pages suivantes les différents types de comportements.

3.1. LES COMPORTEMENTS KINESTHÉSIQUES

Il y a généralement synchronisme entre le contenu verbal et les postures, les signes, les attitudes, les gestes, les expressions faciales, les mimiques et les regards.

Les comportements kinesthésiques peuvent être instinctifs, inconscients et involontaires ; ils accompagnent et renforcent naturellement le discours. De tous les temps, les hommes ont observé les comportements de leurs semblables et en ont tiré des conclusions. La synergologie a étudié ces comportements de façon systématique et en a établi un véritable lexique. Certains de ces gestes ou attitudes sont associés au sexe. C'est une science hautement empirique et les synergologues diffèrent parfois d'opinion sur la signification de certains gestes ou attitudes[5]. Les services de police ont mis au point des machines et des procédés pour déceler les moindres variations kinesthésiques des suspects pendant les interrogatoires (attitudes du corps et gestes, modifications des traits et de la couleur du visage, mouvements des yeux, dilatation ou rétrécissement des pupilles). Les attitudes du corps, les positions des jambes, les gestes des bras et des mains et les expressions faciales ont une signification.

Les comportements kinesthésiques peuvent aussi être conscients, volontaires et joués pour influencer autrui. Ils constituent alors le « langage parallèle » que nous utilisons

5. Allan et Barbara PEASE, *Pourquoi les hommes n'écoutent jamais et les femmes ne savent pas lire les cartes routières*, Paris, First, 1999. Voir aussi Philippe TURCHET, *La synergologie*, Montréal, Éditions de l'Homme, 2000.

pour communiquer dans des circonstances particulières: d'un bout à l'autre d'un wagon de métro, dans un vacarme tel que l'on ne s'entend plus, dans le dos de quelqu'un que l'on veut tenir dans l'ignorance du message ou sur scène si l'on pratique le mime.

Les postures

Les postures peuvent être, entre autres, de soumission (tête baissée, dos courbé, mains jointes); de dominance (tête et cou en extension, torse bombé, index pointé); de rejet (tête détournée, torse de biais, mains paumes en avant); de fuite (corps de biais, un bras vers l'extérieur); de partage (corps penché vers autrui, mains paumes vers le haut).

Les gestes

Non seulement les gestes accompagnent la pensée, mais ils peuvent faciliter la réflexion. Ils peuvent être *involontaires* (tremblements de froid ou de peur, paumes en avant pour se protéger); *symboliques* ou quasi linguistiques (depuis le « non » jusqu'au « V » de la victoire en passant par le bras d'honneur, on compte environ 150 gestes ayant une valeur sémantique); *descriptifs* et *illustratifs* (« Une truite grande comme ça ! »... « Deux bières ! »); *affectifs* (les mains levées en signe de surprise, nouées par la nervosité, tordues par le chagrin, le coup de poing sur la table); *de contrôle* (la main tendue verticalement paume vers l'interlocuteur pour l'arrêter, les mains frappées pour attirer l'attention ou l'index pointé vers le coupable); d'*autoconfort* (se tenir le menton, se gratter la tête, se frotter les mains ou le ventre); *relationnels* (serrement de mains, main sur l'épaule d'autrui).

Les expressions faciales

- *Les mimiques*. L'oreille interne est reliée nerveusement aux nerfs de la bouche et de la face: le nerf du bloc marteau-enclume est le nerf maxillaire inférieur (5e paire); le nerf de l'étrier est le nerf facial (7e paire). Quand on parle, on s'entend et on s'écoute, ce qui provoque automatiquement des expressions faciales naturellement liées au contenu émotionnel du discours.

- *Le sourire.* Il y a différentes sortes de sourires : franc et généreux, moqueur et sarcastique, gêné et forcé, niais. Le sourire sincère joue un grand rôle dans la communication, car il indique l'ouverture d'esprit, le désir de plaire, la satisfaction d'être avec l'autre et de pouvoir bien l'informer ou le convaincre. Dans un dialogue uniquement auditif, l'auditeur perçoit le sourire dans la voix.
- *Le contact visuel.* L'homme maintient naturellement le contact visuel avec son interlocuteur. La plupart des animaux détournent la tête quand on les fixe dans les yeux. Les enfants, qui sont encore proches de l'animalité, détournent souvent aussi le regard lorsqu'ils sont en présence d'un adulte. Maintenir le contact visuel permet de déceler les réactions de l'autre.
- *Le regard* contribue à la communication : regard fuyant quand on est en position de faiblesse, fixé au plafond ou au sol pour chercher l'inspiration, regard dominateur avec les yeux à moitié fermés, yeux agrandis par la peur ou l'émerveillement.
- *Le rire* est un comportement kinesthésique qui accompagne et ponctue les échanges drôles, les mimiques et les caricatures, les situations inattendues et comiques, les surprises, les maladresses, les jeux absurdes, le chatouillement, les taquineries. Il est la plupart du temps involontaire et souvent communicatif. Pratiquer l'humour peut être un moyen de conditionner les interlocuteurs en votre faveur, en supposant que vous ayez quelque talent, sans quoi vous risquez de susciter de la gêne, voire de créer un malaise[6].

Les attitudes du corps

En position debout, le tronc penché en avant ou en arrière, tordu sur le côté, présenté de trois quarts ; les bras ballants le long du corps, croisés devant ou dans le dos ; les jambes trop écartées, les pieds en dedans ou le dandinement d'un pied sur l'autre peuvent signifier, par exemple, la concentration,

6. Josiane VÉNARD, *Les vertus du rire*, Montréal, Éditions Trustar, 1998.

la désapprobation, la timidité, l'incertitude, le malaise, le rejet, la fuite. En position assise, les jambes écartées ou croisées ; le genou trop haut ; les pieds tapant le sol ou croisés sous le siège ; le balancement de droite à gauche ou d'avant en arrière peuvent signifier le sans-gêne, le souci de bien paraître, la modestie, la nervosité ou l'indécision.

3.2. LES COMPORTEMENTS TACTILES ET PRIMITIFS

Les premières manifestations de la communication sont tactiles (le bébé et sa mère). La prise de la main, la main sur le visage, la poitrine ou l'épaule d'autrui, la tape dans le dos, l'enlacement, l'épaule contre l'épaule de l'autre peuvent exprimer, par exemple, la demande, l'affection, le plaisir, la solidarité, la compassion, l'opposition, la violence (gifle).

Toute personne dégage une ou des odeurs qui peuvent favoriser ou handicaper la communication : l'odeur sexuelle, la transpiration, l'haleine, le parfum. Également, toute personne dégage de la chaleur (importante dans la communication de couple), liée au comportement tactile.

3.3. LES COMPORTEMENTS VESTIMENTAIRE ET ORNEMENTAL

L'habillement, la coiffure, le port de bijoux, le maquillage ne sont jamais neutres et influencent toujours les autres. Le comportement vestimentaire et ornemental permet de se mettre en valeur face à autrui. Il est une manière de se projeter sur autrui et peut favoriser ou handicaper la communication.

> ▸ Dans les années 1960, lors de leurs manifestations contre l'école publique, les femmes de la secte des Doukhobors, dans le nord de la Colombie-Britannique, se déshabillaient pour montrer leur opposition, alerter l'opinion publique et neutraliser les policiers. En 2006, les paysans mexicains ont manifesté aussi tout nus en plein centre de Mexico pour réclamer les terres promises depuis dix ans.

3.4. LE COMPORTEMENT TERRITORIAL

La communication interpersonnelle a un caractère spatial : le fait de marcher de long en large, de reculer, d'avancer dans une aire restreinte peut signifier la nervosité, l'incertitude, la crainte ou la volonté de faire face. La distance séparant deux interlocuteurs a une signification[7] :

- 0,15 m – 0,45 m : *relation affective*. Perception de la chaleur, des odeurs, toucher et contact ;
- 0,45 m – 0,75 m : *information confidentielle*. Intervention du regard, diminution des odeurs, raréfaction du toucher, voix douce ;
- 0,75 m – 1,25 m : *information personnelle*. Importance du regard, des attitudes et des gestes, voix modérée ;
- 1,25 m – 2,10 m : *communication de petits groupes ou officielle*. Regard, attitudes et gestes très importants, voix normale ;
- 2,10 m – 3,60 m : *communication de groupe*. Regard appuyé, attitudes et gestes très importants, voix plus forte ;
- Plus de 3,60 m : *communication de grands groupes* – parole publique. Il faut maintenir le contact visuel ; les gestes et attitudes ont une grande valeur informative. La prise de parole en public exige des aptitudes particulières.

4. L'INTERACTION

Dans un dialogue avec enjeu, l'objectif ultime est d'influencer et de conditionner l'interlocuteur en vue d'en arriver à une compréhension réciproque, un accord mutuel, une action commune. Il faut, pour raffiner l'analyse, considérer le processus du point de vue de l'émetteur et, ensuite, du point de vue du récepteur.

---

7. Edward Twitchell HALL, *La dimension cachée*, Paris, Points, coll. « Poche : Essai », 1978.

4.1. L'ÉMISSION

Un des obstacles majeurs à la communication est la crainte des autres, de ne pas être à la hauteur, d'être jugé, d'affronter ou de provoquer le changement. Cette crainte entraîne deux types de réactions: *réaction passive* (acceptation, renoncement, fuite, attitude de dominé); *réaction active* (tentative de domination, refus, colère, rébellion). Mais que l'on soit un interlocuteur passif ou actif, on peut avoir le trac.

Le trac

C'est généralement la peur des autres, l'enjeu du dialogue, le sentiment d'être mal préparé, la nervosité qui provoquent le trac, lequel peut être aggravé par la fatigue, le manque de sommeil, une digestion difficile. Les symptômes sont généralement les mêmes pour tous: mains nouées ou serrées sur les avant-bras du siège, pulsions cardiaques accélérées, tremblements, transpiration, impressions de froid et de chaud, trous de mémoire, gorge serrée. Ce sont pratiquement les mêmes symptômes que ceux de l'insuffisance cardiaque. On connaît maintenant la physiologie du trac. Pour produire un effort intellectuel intense (comme lors d'une entrevue pour un emploi, d'un examen oral, d'une entrevue à la radio ou à la télévision), les neurones ont besoin d'un apport supplémentaire, jusqu'à deux fois plus qu'en temps normal, de glucose et d'oxygène. C'est le sang qui les fournit et, pour faire face à cette demande accrue, le cœur se met à accélérer ses battements.

Pour *contrôler le trac*, il faut d'abord se préparer psychologiquement, se dire que tout va bien se passer et avoir confiance en ses moyens. Il faut aussi se préparer intellectuellement de façon adéquate, donc avoir un argumentaire bien composé avec les arguments *pour* et les arguments *contre*. Bien sûr, éviter les abus de table, le tabac, l'alcool, la fatigue. Quand, malgré tout, on a le trac, le seul remède efficace est d'oxygéner le cerveau au maximum. Il faut donc respirer et expirer à fond, mais pas par le haut du thorax comme le font tous les hommes qui, instinctivement, jouent les Tarzan en se gonflant la poitrine et presque toutes les femmes qui, instinctivement elles aussi, imitent les hommes.

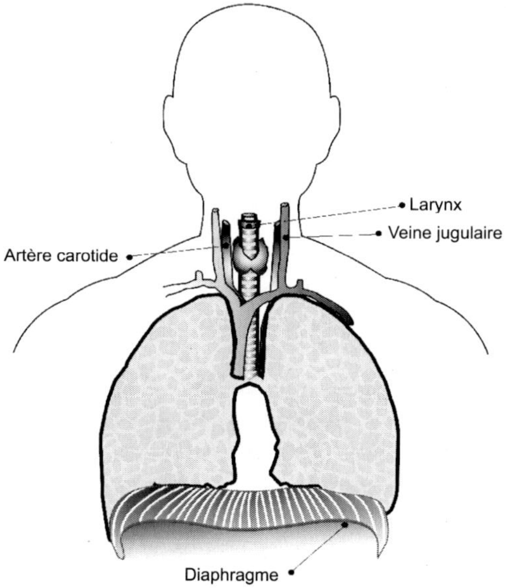

Dans la respiration thoracique, on distend l'ossature du haut du thorax, des épaules et du cou pour accroître la capacité pulmonaire. Par réaction, la musculature se contracte, provoquant une contracture de toute la région jusqu'au maxillaire inférieur. Cette contracture englobe le larynx et les artères carotides, enrayant la voix et réduisant l'afflux de sang au cerveau.

Seule solution : pratiquer la respiration abdominale qui est la respiration naturelle innée de l'homme, celle des enfants, celle que l'on enseigne aux étudiants dans les conservatoires de chant et d'art dramatique et aux futures mères en préparation à l'accouchement. Décontracter d'abord le haut du corps. Puis expirer à fond. Inspirer en abaissant le diaphragme et en poussant sur la ceinture abdominale : les poumons se remplissent sans effort.

La maîtrise de la communication interpersonnelle[8]

Le concept d'intelligence émotionnelle, proposé par Daniel Goleman, recouvre des notions vieilles comme le monde mais qu'il est toujours bon de se rappeler, le moment venu, si l'on veut réussir ses dialogues avec enjeu.

- *La conscience de soi*. Connaître son caractère, ses émotions et leurs effets ; être sûr de sa valeur et de ses capacités.
- *La maîtrise de soi*. Savoir gérer ses émotions et ses impulsions, vaincre le trac ; savoir s'adapter et faire preuve de souplesse devant les changements.
- *La motivation*. Savoir s'engager, être déterminé à atteindre ses objectifs ; prendre l'initiative ; être prêt à saisir les occasions.
- *L'empathie*. Comprendre les autres : capter les « signaux faibles » (regards, expressions faciales, gestes, etc.) pour déceler les sentiments et prévoir les arguments d'autrui ; respecter les autres : tenir compte des sentiments, intérêts, préjugés d'autrui.
- *La compétence sociodiscursive*. Pratiquer l'auto-écoute (être conscient à chaque instant des contenus intellectuel, verbal et non verbal). Maîtriser sa communication (savoir modifier les contenus en fonction d'autrui). Avoir le sens de la médiation (contredire sans « confronter », savoir négocier et résoudre les conflits). Pratiquer l'écoute active (maintenir l'attention, capter les mots clés, contrôler le feed-back).

Il faut mettre les émotions au service de son intelligence et non pas l'intelligence au service de ses émotions.

8. Daniel Goleman, *L'intelligence émotionnelle*, Paris, Laffont, 1997.

4.2. LA PERCEPTION

Un autre obstacle majeur à la communication est la façon dont l'interlocuteur nous perçoit. Nous étions convaincus d'avoir composé un message excellent, de l'avoir émis en accordant judicieusement le verbal et le non-verbal, et nous sommes stupéfaits de constater que nos intentions ont été mal interprétées et nos propos mal compris. La perception ne va pas de soi.

- *Perception sélective.* Le récepteur perçoit ce qu'il veut, ce qu'il doit ou ce qu'il peut en fonction des contextes psychosocial et circonstanciel. On recherche dans ce qui nous est dit et on retient plus facilement les arguments qui nous confortent ou nous choquent dans nos intérêts, nos attentes, nos espoirs, nos croyances, nos préjugés, notre humeur.
- *Perception active.* Avant de chercher à comprendre les arguments de l'autre, le récepteur fait des efforts pour identifier (au téléphone) la voix avec une voix connue, il identifie le sexe, essaie de deviner l'âge (et parfois se trompe), les capacités intellectuelles, le niveau social et l'état psychique dont il décode les affects.

Les affects et leur taux de perception[9]

Les affects primaires – surprise, peur, dégoût, colère, bonheur, joie, tristesse (possibilité de combinaisons et de superposition avec une caractéristique morphologique) – sont universellement, immédiatement, mais pas également reconnus et décodés. On ne possède pas de pourcentage pour les affects supplémentaires – tendresse, désir, coquetterie, angoisse, dédain, admiration, dominance –, qui sont intimement liés aux contenus informationnels.

9. P.R. LÉON, *Journal de psychologie*, Paris, 1976, cité par Catherine ROUBY, *La communication multicanaux : étude de la réception séparée du canal acoustique et du canal visuel*, thèse de doctorat, Université de Lyon, 1977.

Taux de perception des affects

Colère, méchanceté, agressivité	100 %
Peur, malaise, trac	70 %
Ironie	50 %
Joie, satisfaction, plaisir	30 %

Il y a toujours superposition des affects vocaux (la manière de parler) et morphologiques (les gestes et les expressions faciales). Plusieurs affects peuvent se combiner (surprise et peur).

Il faut bannir la colère, qui est enregistrée immédiatement, qui agresse, qui suscite automatiquement une réaction de défense analogue et qui « est mauvaise conseillère ». De même, il faut contrôler la peur ou le trac qui sont enregistrés presque instantanément par l'interlocuteur, qui l'inquiètent ou le mettent mal à l'aise ou encore le satisfont quand il a la volonté d'impressionner ou de faire peur. L'ironie n'est pas enregistrée ni goûtée instantanément, car elle fait appel autant à l'intelligence qu'à l'émotion. Il faut comprendre la blague avant de rire, ce qui prend du temps; quand on ne la comprend pas, la blague tombe à plat. La joie, quant à elle, est difficile à percevoir, car elle doit rencontrer chez l'interlocuteur un état émotionnel semblable à celui de l'émetteur. Pour goûter et partager la joie ou le plaisir d'autrui, il faut être au même diapason, ce qui peut ne pas être le cas.

L'interprétation

Les interlocuteurs-récepteurs perçoivent les messages en fonction de leur contexte psychosocial, autrement dit, ils les jugent et les interprètent à travers le prisme de leur subjectivité. Tel mot aura une connotation différente selon l'expérience de vie, le caractère, l'humeur du récepteur. Tel sourire paraîtra gêné ou arrogant, tel geste semblera provocant selon son état d'esprit. L'interprétation dépend aussi du contexte circonstanciel, qui peut favoriser ou entraver la compréhension. Elle dépend enfin du statut et de la réputation, du charisme de l'émetteur : on aura tendance à interpréter favorablement les propos d'une personne célèbre que l'on attendait avec impatience et à leur accorder de la crédibilité.

4.3. LA DISCUSSION

Bien entendu, émission et perception sont, paradoxalement, simultanées et successives : mon interlocuteur me perçoit pendant que je parle, mais je perçois ses réactions pendant qu'il m'écoute, et inversement. Si nous voulons que la communication interpersonnelle soit efficace, si nous voulons éviter la mauvaise interprétation, l'incompréhension, voire la prise de bec, il faut un minimum d'effort. La discussion est un art.

L'attention

L'attention peut être *spontanée*, motivée par la surprise, l'intérêt ou l'affectivité. Elle peut être *volontaire* et dans ce cas elle peut être *motrice* (appel aux expériences antérieures), *intellectuelle* (appel aux connaissances antérieures) ou *sensorielle* (appel aux sensations antérieures). L'attention volontaire suppose une lutte contre la distraction qui, elle, est proportionnelle au nombre et à la dispersion des idées, des éléments ; elle peut être liée au contexte psychosocial, physique et circonstanciel (préoccupations, fatigue, etc.). Le récepteur est mentalement tendu (ce qui se traduit souvent par un comportement kinesthésique correspondant) vers l'émetteur, en attente de ce que ce dernier va dire. D'où la formule :

ATTENTE + TENSION = ATTENTION

Les conteurs populaires savent susciter l'attention de leurs auditeurs en créant une atmosphère d'attente et de tension, en leur posant des questions auxquelles ils ne peuvent pas répondre puisqu'ils ne connaissent pas la suite, en mettant dans leur récit du *suspense,* en réservant le *punch* pour la fin.

Le feed-back

Dans une discussion face à face, le feed-back est constant. Dans le dialogue uniquement auditif, par exemple au téléphone, le feed-back est intermittent, chacun parlant à son tour.

- *Feed-back instinctuel*. Identification instantanée de l'interlocuteur (son sexe, son âge, son état social, sa santé, son humeur, etc.) d'après sa morphologie, ses vêtements, son allure générale, ses postures, sa voix et ses gestes.
- *Feed-back intellectuel*. Le cerveau émet l'information à une moyenne de 150 mots à la minute, mais traite l'information à 450 mots à la minute. L'émetteur peut donc penser avant de parler et modifier son message en fonction des réactions du récepteur. De son côté, le récepteur peut analyser le message au fur et à mesure qu'il l'entend et préparer ses réponses. Celui qui écoute pense plus vite que celui qui parle.

Dans un dialogue avec enjeu, dans une discussion, il est important de vérifier le degré de compréhension et le cheminement intellectuel de l'interlocuteur. Le feed-back doit être contrôlé au moment propice, être sollicité plutôt qu'imposé, être spécifique plutôt que général, être descriptif plutôt qu'évaluatif, engager le récepteur et l'émetteur, concerner une question que le récepteur peut modifier et, si possible, permettre un accord.

La contradiction

Les mésententes sont souvent causées par une perception différente de la réalité. Or, il y a des gens qui sont incapables d'objectivité. Pour y remédier ?

- *Pratiquer l'écoute active*. Prêter toute l'attention possible : regarder l'émetteur, repérer les mots clés, capter et interpréter les regards, expressions faciales et gestes. Reformuler en résumant.
- *Analyser l'objection*. Est-ce une objection sur la forme ou sur le fond ? L'objection est-elle rationnelle ou irrationnelle ?

- *Identifier les arguments spécieux* :
  - jugements personnels et attaques personnalisées : « Je n'aime pas cette couleur », « Vous avez toujours été contre tout. »
  - pseudo-preuves et généralisations hâtives : « Il faut le faire parce qu'on l'a toujours fait », « Les Irlandais sont têtus. »
  - fausses références et impostures : « J'ai l'habitude des crises mondiales et je vous en prédis une ».
  - amalgames et incohérences : « Le restaurant étant peint en bleu, sa cuisine ne peut pas être bonne. »
  - arguments non pertinents et hors contexte : « Il ne viendra pas parce que j'ai mangé des œufs à midi. »
  - raisonnements en boucle : « Les saucisses X sont les plus vendues parce que ce sont les plus fraîches et elles sont les plus fraîches parce que ce sont les plus vendues. »
- *Contredire sans « confronter*[10] ». Éviter l'opposition directe et frontale – Reformuler – Relever et nommer les points d'accord – Féliciter et remercier au besoin – Présenter l'autre façon de voir les choses en objectivant au maximum – Trouver des critères objectifs pour évaluer les différentes options – Inviter à la recherche d'un compromis – Reporter la décision si c'est nécessaire.

> **« L'art de persuader consiste autant en celui d'agréer qu'en celui de convaincre. »**
> *Blaise Pascal*

10. Forme fautive selon le *Multidictionnaire de la langue française*, mais abondamment utilisée dans la langue courante. De l'anglais « *to confront* » : affronter, braver, défier.

Il y a danger de blocage de la discussion à cause des différences de culture, de position hiérarchique, de vocabulaire, d'état émotif.

La mauvaise foi

Que faire quand, dans une communication interpersonnelle, l'interlocuteur est de mauvaise foi ? De deux choses l'une : ou vous le connaissez et vous savez que c'est un menteur, ou vous ne le connaissez pas. Si vous le connaissez comme menteur, vous êtes sur vos gardes. Si vous ne le connaissez pas, de deux choses l'une : ou la communication porte sur un sujet anodin sans enjeu véritable et le mensonge ou les exagérations sont sans conséquences (J'ai pêché une truite grosse comme ça !). Ou la communication porte sur un sujet lié à des enjeux importants : négociation financière, accusations graves, etc. Vous êtes aussi sur vos gardes.

Si vous êtes sur vos gardes parce que votre interlocuteur est connu comme menteur ou que l'enjeu peut l'inciter à mentir, vous devez :

- Vous préparer intellectuellement de façon minutieuse, arguments et contre-arguments avec des recoupements qui permettent de tester la véracité des déclarations de l'autre, en somme bâtir toute une stratégie de discussion. Puis, le moment venu…
- Pratiquer l'écoute active, prendre des notes, relever les arguments spécieux, les contradictions, etc. Les policiers ne font pas autre chose quand ils interrogent un suspect.
- Relever les « signaux faibles » pouvant révéler le mensonge ou la mauvaise foi[11] (mains sur le visage ou crispées ou doigt tirant sur le col de la chemise – yeux au regard fuyant, aux pupilles contractées, aux paupières qui clignotent – sourcils relevés ou froncés – joues rouges – front en sueur – sourire en coin et forcé – voix

11. Allan PEASE, *Interpréter les gestes, les mimiques, les attitudes*, Paris, Nouvelles Éditions Marabout, 1998.

altérée). Les signaux faibles sont souvent imperceptibles et peuvent être camouflés si votre interlocuteur est une actrice ou un acteur consommé.

Les entrevues

Poser des questions, c'est mettre l'interlocuteur dans une situation de supériorité s'il est détenteur d'informations dont vous avez besoin ; d'infériorité s'il doit répondre de ses actes et se justifier ; d'égalité si la discussion doit mener à un résultat bénéfique aux deux parties.

On distingue les entrevues d'emploi, l'entrevue d'évaluation du rendement personnel, d'une action collective ou des mérites d'un produit ou d'un service, l'entrevue médiatique (qui fera l'objet d'une section particulière) et, bien sûr, l'interrogatoire de police ou de justice. Dans tous les cas, l'interviewé doit se préparer minutieusement en définissant ses objectifs et en composant un argumentaire en fonction des caractéristiques de À QUI il doit répondre.

Il existe divers types de questions.

- *Les questions ouvertes.* Comment s'est passé ton voyage ?
- *Les questions fermées.* Pourquoi, à 16 h 45, les feux de circulation n'ont-ils pas fonctionné ?
- *Les questions optionnelles.* Voulez-vous avoir du fromage ou passer au dessert ?
- *Les questions reformulées.* R : Hier soir, je suis allé chez Untel – Q : Vous êtes allé chez Untel, à quelle heure et pourquoi ?
- *Les questions affirmatives.* Donc, vous vous êtes trompé ? !
- *Les questions incitatives.* Et puis ?... Dites-le-moi ?... Continuez ? !

Test

SUIS-JE UN BON RÉPONDANT ?

1. Quand on vous parle, êtes-vous obligé de faire répéter parce que vous avez l'esprit ailleurs ?
2. Quand quelqu'un vous parle, mettez-vous de côté vos préjugés à son égard ?
3. Commencez-vous votre réponse avant qu'il (elle) ait terminé ?
4. Si vous prévoyez ce qu'il (elle) va dire...
   - vous le (la) laissez parler;
   - vous l'interrompez pour répondre;
   - vous terminez sa phrase à sa place.
5. Aidez-vous votre interlocuteur ou votre interlocutrice s'il ou si elle a des difficultés à s'exprimer ?
6. Dans les discussions sérieuses, faites-vous le résumé de ce que l'autre a dit ?
7. Posez-vous des questions pour vous assurer que vous avez bien compris ?
8. Vous mettez-vous dans la peau de votre interlocuteur ou de votre intrelocutrice pour essayer de le ou de la comprendre ?
9. Conservez-vous votre calme si les propos de l'autre vous choquent ?
10. Accordez-vous à votre interlocuteur ou à votre interlocutrice du temps pour assimiler avant de poursuivre votre réponse ?

Notation: Pour chacune des questions, vous vous attribuez une note de 1 à 10 selon que, d'après vous et en toute honnêteté, vous pensez être un répondant mauvais, passable, assez bon, bon, très bon. Faites le total de ces résultats. Si vous obtenez...

- De 0 à 20 points, vous êtes un mauvais répondant;
- De 20 à 40 points, vous êtes passable;
- De 40 à 60 points, vous êtes assez bon;
- De 60 à 80 points, vous êtes un bon répondant;
- De 80 à 100 points, vous avez une très bonne opinion de vous-même.

5. LA TÉLÉPHONIE

La conversation téléphonique a ceci de particulier que, chacun parlant à son tour et le feed-back étant intermittent, on ne connaît pas l'effet produit par son message avant que l'interlocuteur ne réponde et on ne peut pas le modifier en cours de route. Par contre, si l'enjeu est important, on peut avoir sous les yeux son argumentaire et son contre-argumentaire et ainsi avoir de meilleures chances de bien informer et de convaincre. Cela dit, l'utilisation du téléphone, pourtant inventé en 1876 par Graham Bell, est encore parfois mal maîtrisée.

5.1. LA RÉCEPTIONNISTE

Il y a une vingtaine d'années, quand on téléphonait à une organisation, on entendait fréquemment la réceptionniste dire : « Allô ? » Il fallait demander : « C'est bien la société Untel ? » Immanquablement, on s'entendait répondre : « Ben oui, pourquoi ? » À l'heure où j'écris ces lignes, il y a encore des réceptionnistes qui n'ont pas appris à dire « Bonjour, ici la société Untel, que puis-je pour vous ? » pour que l'appelant sache qu'il ne s'est pas trompé de numéro et épargner incertitude, temps et argent aux deux parties.

Les systèmes de réponse automatique avec un enregistrement du genre « Si vous voulez le service des achats, faites le 1 ; si vous voulez le service de la comptabilité, faites le 2 ; si vous voulez le service de… etc. » sont parfois déroutants. Certains raccrochent si le temps d'attente est trop long. Les organisations réalisent des économies de personnel, donc d'argent, mais j'attends qu'un jour un chercheur parvienne à chiffrer ce que la perte de contact humain, les pertes de temps et l'énervement de l'appelant peuvent représenter sur le chiffre d'affaires. Certaines entreprises, et non des moindres, reviennent au vieux système de la réceptionniste en chair et en os qui peut vous comprendre et vous aider.

5.2. LA MESSAGERIE TÉLÉPHONIQUE

Vous rentrez au bureau et vous ouvrez votre boîte vocale pour prendre vos messages. À coup sûr, il y en aura un dans lequel l'appelant:

- a parlé trop vite, si bien que vous ne comprenez ni son nom, ni le nom de sa société, ni son numéro de téléphone, ni l'objet de son appel;
- a oublié de se nommer, de nommer sa société et de donner son numéro de téléphone ainsi que l'objet de son appel;
- a parlé pendant cinq minutes avec tant de détails embrouillés que... vous devez réécouter sans plus de succès. Vous perdez un temps précieux et cela vous énerve.

Conseils: quand vous enregistrez un message dans une boîte vocale, ne parlez pas trop vite, articulez (les consonnes) et prononcez (les voyelles) correctement, nommez-vous, nommez votre société et précisez les raisons de votre appel, donnez votre numéro de téléphone et... répétez-le... plus lentement cette fois. Le tout avec le sourire!

5.3. LE SERVICE D'AIDE À LA CLIENTÈLE

À titre d'exemple, voici le résumé d'une session de formation avec les préposés au traitement des plaintes téléphoniques pour une multinationale des cosmétiques. Ces plaintes, provenant en très grande majorité de consommatrices, se répartissaient ainsi:

Demandes d'information	60 %
Plaintes pour insatisfaction concernant un produit	35 %
Menaces de recours aux médias ou de plaintes en justice	4 %

La plaignante veut être écoutée, traitée courtoisement; elle souhaite recevoir une attention personnelle, avoir une réponse rapide, retrouver sa confiance dans le produit, être satisfaite psychologiquement, intellectuellement et matériellement.

L'entreprise doit donner l'information, calmer, rassurer, réduire la frustration, satisfaire, trouver des solutions, éviter les aggravations, fidéliser.

Voici les conseils qui ont été prodigués aux téléphonistes.

- *Conditionnement mental*. Évitez d'être imbu de votre importance, de paraître fatigué d'avoir toujours à répéter la même chose, de ne pas être intéressé personnellement, de donner l'impression que vous avez raison et que la plaignante a tort ou est folle, d'adopter le ton émotif de la plaignante.
- *Contenu*. Dites que vous comprenez, compatissez ou regrettez; affirmez la volonté de l'entreprise de satisfaire la plaignante; expliquez les solutions; bannissez les termes techniques, restez simple et évitez les disparités de niveaux de langage; au besoin, félicitez ou remerciez; montrez que vous contrôlez la situation. Répondez à toutes les questions; pour les questions hors sujet, conseillez d'autres pistes; éludez les questions hypothétiques et ne faites pas vous-même d'hypothèses; gardez pour vous vos opinions personnelles et vos jugements de valeur; demeurez factuel et utilisez des arguments positifs : « Voici ce qu'il faut faire… » et non pas : « Mais vous vous y êtes mal prise ! »
- *Voix*. Ton calme et rassurant; bonne diction et débit normal; volume moyen (ne criez pas) et registre moyen (évitez les aigus); élocution ferme (pas d'hésitations ni de « Euh ! »); souriez physiquement tout en parlant (le sourire se perçoit au téléphone).

6. LA COMMUNICATION INTERPERSONNELLE ÉCRITE

Pour demeurer pratique, nous nous bornerons à passer en revue les documents accompagnant les demandes d'emploi qui doivent suivre les mêmes règles que celles de la communication auditive et audiovisuelle.

6.1. LE CURRICULUM VITÆ

Les CV rédigés de façon traditionnelle ne respectent pas la formule de Lasswell. Ils ne font qu'énumérer les mérites et les avantages de l'émetteur : son âge, les écoles qu'il a fréquentées et les diplômes obtenus, ses différents emplois, même ceux du temps qu'il était étudiant, jusqu'à ses occupations favorites. Mais tous ces éléments ne tiennent aucun compte des contextes psychosocial, physique, circonstanciel et, en l'occurrence, technico-économique du récepteur, c'est-à-dire ses besoins, attentes, intérêts, préjugés, etc. Le directeur des ressources humaines ou le directeur commercial, financier ou technique se moque complètement du fait que vous ayez été à l'école primaire Saint-Machin ou que vous ayez tel ou tel passe-temps. Le pauvre va être obligé d'essayer de *déduire* de cette énumération quels services vous pourriez lui rendre. À condition, bien sûr, qu'il n'ait pas été rebuté dès le départ par la forme traditionnelle du CV et qu'il ait pris le temps de le lire !

▸ Un de mes voisins, ingénieur biochimiste, avait quitté son emploi à Montréal pour aller travailler en Californie. Un an plus tard, déçu par les États-Unis et le climat de travail régnant dans son entreprise, il revenait et se cherchait un autre emploi. Au bout de six mois, il n'avait toujours rien trouvé. Il avait envoyé quelque 200 CV rédigés de façon traditionnelle, mais sans succès.

Je suggère la méthode suivante :

- *Dresser la liste de ses compétences.* Savoir conduire une automobile n'est plus une compétence, savoir conduire un poids lourd en est une. Avoir jadis, pour payer ses études, travaillé comme aide-magasinier ou comme commis au guichet sont des compétences certaines. De même avoir été lieutenant dans l'armée.
- *Établir le tableau de ses compétences croisées.* Avoir l'expérience du public ou du commandement constitue une *valeur ajoutée* quand on la conjugue à une compétence en comptabilité. Le croisement des compétences élargit l'éventail des emplois auxquels on peut prétendre.
- *Faire la liste des entreprises susceptibles d'être intéressées.* En fouillant dans Internet ou dans d'autres répertoires, il est possible de savoir qui sont les responsables des différents services de ces entreprises et de se renseigner sur leur situation, leurs résultats, leurs besoins éventuels, actuels et futurs. Et À QUI faire une offre de services (et non pas une demande d'emploi).
- *Rédiger une « histoire de vie ».* Cette « histoire de vie » sera composée en mettant en évidence les compétences répondant particulièrement aux besoins du récepteur (quitte à en omettre certaines) et susceptibles de l'intéresser. Démontrer les avantages pour lui-même et son organisation dans tel ou tel domaine précis. Ne pas l'obliger à faire des déductions. Autrement dit, il faut se considérer soi-même comme un produit ou un fournisseur de services dont on fait le marketing. Accessoirement mais pas obligatoirement, joindre en annexe un CV traditionnel en ayant soin de toujours l'axer sur les contextes du récepteur.
- *N'envoyer que quelques CV bien ciblés.* Un curriculum vitæ *ciblé* est rédigé en tenant compte des intérêts, besoins, attentes, etc., du récepteur. Autrement dit, il faut principalement retenir dans ce document les éléments qui permettront au récepteur de déterminer d'une simple lecture, sans avoir à les déduire,

quels services on peut lui rendre. Ne pas hésiter à laisser tomber les expériences qui n'entrent pas dans le champ d'activité du récepteur, donc du futur employeur.

▸ **Grâce à cette méthode, mon voisin ingénieur a trouvé un emploi rémunérateur en trois semaines.**

6.2. LA LETTRE DE MOTIVATION

Contrairement à ce que l'on voit habituellement, la lettre de motivation ne doit pas avoir pour but de faire la preuve de votre motivation personnelle à travailler dans telle entreprise. Conformément à la formule de Harold Lasswell, son objectif doit être de motiver votre employeur potentiel à acheter vos services professionnels et de le convaincre de vous embaucher pour les obtenir.

Il faut donc d'abord vous renseigner sur l'entreprise visée, connaître ses besoins, si possible vous informer sur les besoins du département ou du service où vous aimeriez travailler. Une fois en possession de ces renseignements, composez un argumentaire solide respectant une logique rigoureuse ayant un grand pouvoir convaincant. Vous devrez trouver des arguments qui touchent l'employeur dans ses intérêts, besoins, attentes, etc., et non uniquement centrés sur vos qualités et mérites. Intégrez-les dans un texte bref, clair et précis s'adressant directement et personnellement à lui (emploi du JE et du VOUS). Démontrez-lui quels avantages il pourrait tirer de celui de vos profils d'employabilité qui correspond à ses besoins particuliers. Évitez les styles flagorneurs, donnant une impression d'ingérence, ou trop promotionnels qui font douter de la véracité des arguments; demeurez factuel. Faites des offres de services différentes selon les entreprises ciblées et les responsables concernés puisque les besoins seront différents.

CHAPITRE 3

LA COMMUNICATION DE GROUPE

À vous la parole !

> *La* **COMMUNICATION DE GROUPE** *est un processus au cours duquel le partage ou l'échange des informations se fait à l'intérieur d'un groupe plus ou moins grand.*

On distingue les petits groupes de 3 à 10 membres, les groupes moyens de 10 à 40 membres, les grands groupes de 40 à 500 membres et les auditoires de masse de plus de 500 membres, les réunions d'information descendante ou passives (assemblées électorales, conférences), les réunions d'information ascendante ou participatives (groupes de discussion, assemblées délibérantes) et les groupes de création (remue-méninges, résolution de problèmes). Dans tous ces groupes, on trouve généralement un leader – conférencier invité, président d'assemblée, dirigeant d'entreprise ou de syndicat – qui doit ouvrir la séance, faire un exposé ou, pour employer un anglicisme maintenant largement répandu, faire une « présentation » et, éventuellement, répondre à des questions, animer une discussion, recueillir des doléances ou des idées, acheminer le groupe vers une décision.

Les organisations demandent de plus en plus à leurs employés d'être « responsables » et « créatifs », de pratiquer « l'approche client ». Du contremaître ou du chef de section jusqu'aux niveaux hiérarchiques les plus élevés, chacun est maintenant appelé à participer à des réunions pour élaborer des stratégies, modifier les processus, améliorer la qualité jusqu'à en arriver à la qualité totale et, enfin, présenter un bilan. Au niveau supérieur, les grands dirigeants doivent prendre la parole devant des chambres de commerce, des assemblées d'élus ou lors de rencontres internationales. Il faut savoir composer un bref exposé ou un discours d'une heure, le livrer en maintenant l'intérêt du début à la fin et en faisant en sorte qu'à l'issue du processus les auditeurs soient dûment informés et convaincus.

1. LA PRISE DE PAROLE PUBLIQUE

À l'ère des procédés et des techniques de communication les plus sophistiqués, la propagation des idées se fait encore par l'un des moyens les plus anciens : la parole.

1.1. LES DÉFAUTS HABITUELS DES PRÉSENTATIONS

On est souvent déçu, au sortir d'une conférence ou d'un simple exposé, par la piètre qualité de la présentation, pour plusieurs raisons.

- *Facteurs intellectuels.* L'orateur connaissait mal son sujet; il manquait de préparation; son objectif était obscur. Le plan de son exposé était illogique ou flou, son vocabulaire hermétique, ses illustrations mal faites. C'était beaucoup trop long et il y avait trop de détails ou, au contraire, c'était incomplet.
- *Facteurs physiques.* Le cadre ne s'y prêtait pas : mauvaise disposition des lieux, acoustique déplorable. L'orateur disparaissait derrière son lutrin. Immobilisé par son micro fixe, il se tenait mal, ne pouvait faire aucun geste. Son élocution était déficiente et sa lecture monotone.
- *Facteurs psychologiques.* L'orateur parlait pour lui-même ou son organisation. Il ignorait les besoins, attentes, intérêts, préjugés de l'auditoire. Les auditeurs connaissaient mal le sujet et ne paraissaient pas intéressés. L'orateur avait visiblement le trac, mettait une charge émotive exagérée dans ses propos. Il n'avait aucun charisme.

1.2. LE CHARISME

Le charisme n'est pas un don sublime que quelques êtres élus ont reçu du ciel. Le charisme dépend d'un certain nombre de facteurs :

- l'état de réceptivité favorable des récepteurs (besoin d'espérance, d'évasion à un moment donné);
- la réputation préalable de l'émetteur;
- les habiletés communicationnelles de l'émetteur, qu'elles soient innées ou acquises;
- le message correspondant aux attentes des récepteurs;
- les circonstances et l'environnement propices (événements heureux, mise en scène appropriée).

▸ On accordait un grand charisme à l'ancien premier ministre du Canada, Pierre Elliott Trudeau. Or, la majorité des Canadiens le considéraient comme le sauveur du pays et attendaient de lui qu'il « remette le Québec à sa place ». Lui-même d'ailleurs, au cours de la campagne électorale qui l'a porté au pouvoir en 1968, répétait au Canada anglais: « *We will put Québec in its place!* » et plus prudemment au Québec: « Je veux un Québec fort dans un Canada uni. » Sa réputation le précédait. Avant même qu'il ne commence à parler, les foules devenaient quasiment hystériques, c'était la « trudeaumanie ». Bien entendu, ayant été professeur d'université, député puis ministre de la Justice, Trudeau avait développé des qualités d'orateur, mais son message (contenu, verbal et non-verbal) correspondait exactement aux vœux des électeurs. Enfin, avant chacune de ses apparitions publiques, une équipe d'assistants le précédait, examinait les lieux et les faisait réarranger si nécessaire de manière à mettre le plus possible le patron en valeur.

La prise de parole en public est un acte de leadership.

1.3. LA CONNAISSANCE DE L'AUDITOIRE

Il est téméraire d'accepter de parler devant un groupe sans savoir **À QUI** l'on va s'adresser. Il faut donc tenir compte de la composition et de l'importance de son auditoire.

- *Composition de l'auditoire.* Les auditeurs sont-ils membres de la même organisation ou viennent-ils d'horizons différents? Quel est leur âge moyen? Leur rassemblement en ce lieu est-il fortuit, provoqué par un événement particulier ou bien est-ce une réunion régulière ? Quelle est leur implication dans le sujet ? Quelle est leur connaissance du sujet ? Leur intérêt est-il pécuniaire ou sont-ils là par simple curiosité ? Ont-ils un passé collectif, un avenir collectif ? Quel est leur état d'esprit ? Ont-ils du pouvoir ?

- *Taille de l'auditoire.* Parler devant un groupe restreint ou parler devant une masse de gens sont deux défis complètement différents. Une étude faite en 1994 par l'agence de relations publiques canadienne National sur « La communication face au changement » indique que les rencontres avec de « petits groupes ont une efficacité de 63 %, tandis que les rencontres avec de grands groupes ont une efficacité de 38 % ».

Dès 1935, Lewin et Moreno avaient découvert que l'efficacité optimale des réunions est atteinte avec des groupes de 5 à 10 personnes. Au-delà, on voit se former des sous-groupes nuisant à la cohésion de l'ensemble et pouvant rendre plus difficile la tâche de l'orateur ou du meneur de jeu. Dans les auditoires de masse, il se produit un phénomène de dépersonnalisation des individus qui entraîne diminution de la réflexion, contagion émotionnelle, homogénéisation des comportements et, éventuellement, facilités par l'anonymat, actes spontanés (applaudissements, sifflements, cris, clameurs, invectives, insultes, gesticulations, jets de projectiles, etc.).

1.4. LA PRÉPARATION DE L'ALLOCUTION

Comme toutes les autres formes de communication, la prise de parole en public repose sur la formule de Harold Lasswell.

Qui	Dit quoi	À qui	Par quel moyen	Avec quel effet

Le sujet

Il est essentiel de bien délimiter le sujet, ses différents aspects, les sous-thèmes, les différents angles sous lesquels on peut en parler.

Les objectifs Il existe un objectif primaire (informer, convaincre, dissuader, rassurer, gagner du temps) et un objectif secondaire (informer ou convaincre de quoi ? rassurer ou gagner du temps, et comment ?) Les objectifs doivent tenir compte des intérêts en jeu, de la composition et du nombre des auditeurs, de leur degré de connaissance du sujet, de leurs attentes, besoins, préjugés et humeurs, du temps alloué à chacun des conférenciers.

La documentation Certaines personnes ont du mal à rassembler, trier, classer et utiliser la documentation. Voici la méthode que je recommande à mes étudiants et à mes clients.

- Lire la documentation en soulignant les passages importants avec des crayons de couleur : une couleur pour les finances, une autre pour l'environnement, etc.
- Relever tous les passages importants sur des feuilles séparées selon les catégories : finances, environnement, etc.
- Classer et résumer la matière selon les catégories.
- Éliminer les informations d'intérêt secondaire.
- Éventuellement, choisir un angle de traitement préférentiel (financier, économique, social, politique, environnemental, etc.).

L'argumentaire Le discours peut avoir un caractère informatif ou un caractère persuasif. Même quand l'objectif est seulement d'informer, il faut que les éléments d'information soient bien choisis, crédibles et convaincants par eux-mêmes.

- Dresser la liste des arguments pour atteindre les objectifs fixés.
- Hiérarchiser les arguments *pour* d'après le modèle du syllogisme d'Aristote.
- Tester la validité des arguments en fonction de divers critères (économique, financier, social, politique, etc.) et de leur aptitude à atteindre les objectifs fixés.

- Prévoir les sous-arguments devant étayer les différents arguments, les causes et les effets.
- Déterminer le message principal représentant la somme ou la conclusion logique de tous les arguments *pour* et qui répond le mieux à l'objectif poursuivi.
- Rédiger le message principal en formules variées de 10 à 15 secondes.
- Dresser la liste des arguments contre l'atteinte de l'objectif et leur trouver des réponses.

Le plan

Introduction

L'introduction comprend obligatoirement les éléments suivants : « je », « vous », éventuellement « nous », ainsi que le résumé du plan (exceptions : les causeries humoristiques ou les harangues).

- « Je » : Même si l'animateur vous a présenté (vous lui aurez donné des notes biographiques incomplètes), parlez sans exagération de vous-même, de votre expérience, des projets sur lesquels vous travaillez et qui intéressent les auditeurs. Cela les mettra en situation d'attente et de tension en votre direction et vous donnera du charisme.
- « Vous » : Interpellez les auditeurs en évoquant leurs intérêts, leurs besoins, leurs préoccupations, leurs attentes. Ils se sentiront individuellement et collectivement concernés et se diront : « Cette personne est venue pour nous, elle nous comprend, nous et nos problèmes » et seront en état d'attente et de réceptivité. Tout au long de votre exposé, n'hésitez pas à les interpeller fréquemment : « [...] vous [....] ». Ainsi, vous engagerez avec eux un dialogue paradoxalement unilatéral puisque, même si les auditeurs restent muets, ils participeront par un grand silence d'attention ou, au contraire, par des approbations sonores, des rires ou, à tout le moins, par des mimiques que vous pourrez voir si la salle n'est pas trop vaste ni trop obscure.
- « Nous » : Il peut être utile d'associer les auditeurs au travail d'information ou de démonstration qui va suivre (« Ensemble, nous allons étudier... », « Nous allons voir... »).

Notes

- Le « je » et le « vous » bien faits provoquent le même genre de relation que celle qui s'établit entre le chanteur ou la chanteuse populaire et les spectateurs, ces derniers étant fascinés par la vedette dont ils attendent tout ou presque et la vedette étant galvanisée par l'atmosphère de la salle. Ou encore entre les spectateurs d'un match de hockey et les joueurs qui se surpassent devant leur public. Ce lien vous permettra de donner le meilleur de vous-même.
- Surtout, ne vous contentez pas de dire : « Je suis heureux d'avoir réussi à venir ici malgré le mauvais temps » ou « Je suis heureux de vous voir si nombreux malgré le mauvais temps ». Cela ne suffira jamais pour établir une atmosphère d'attente et de réceptivité.
- Dites « Bonjour ! » (Mesdames et Messieurs ou Chers amis ou Tout le monde, selon l'auditoire) sans regarder vos notes, mais vos auditeurs, et sans mettre les mains dans le dos.

- Résumé du plan : À moins que vous ne fassiez un petit laïus pour saluer le départ d'un collègue à la retraite ou pour lancer le « party » de Noël, pour tous les exposés comportant un certain degré de complexité, il est recommandé d'annoncer clairement les titres des différentes parties, uniquement les titres sans développer. Ainsi, les auditeurs auront une idée de votre cheminement intellectuel, ils se mettront d'eux-mêmes dans un état de réceptivité et ils pourront mieux vous suivre par après. Par analogie avec l'ordinateur, ils ouvrent à l'avance des fichiers et ils attendent que vous les remplissiez.
- Durée : Certains auteurs préconisent une introduction équivalant à environ 10 % de la durée totale de l'exposé. Mais, à ce compte-là, l'introduction d'une conférence d'une heure devrait durer 5 ou 6 minutes, ce qui est trop

long. Du moment que tous les éléments (« je », « vous », « nous », résumé du plan) de l'introduction ont été déclinés, plus celle-ci est courte, mieux c'est.

Développement

- Groupez les arguments et les sous-arguments, et agencez-les de façon syllogistique selon leur force informative ou convaincante. Adoptez le plan le plus apte à atteindre l'objectif : ordre chronologique, spatial, selon les thèmes, les points de vue, problèmes et solutions ou causes et effets, ou, enfin, le plan dialectique (thèse, antithèse, synthèse).
- Limitez-vous à cinq ou six parties tout au plus, car le cerveau humain est rarement capable de suivre, simplement en écoutant, un raisonnement trop compliqué et trop long. Trouvez des liens entre chacune des parties ; rappelez opportunément le message principal. Coiffez chacune des parties d'un titre court et explicite que vous annoncerez clairement le moment venu afin que les auditeurs vous suivent plus facilement. À chaque nouvelle partie, ils fermeront le fichier précédent et cliqueront sur le suivant. Dites-leur « ... vous... » souvent afin de maintenir le dialogue engagé dans l'introduction.
- Réduisez les chiffres à un minimum ; évitez les sigles et acronymes et donnez les noms complets des organismes ; éliminez les noms propres non indispensables.
- Ne rédigez pas. Contentez-vous de notes brèves, de mots clés évocateurs d'une idée, voire du contenu de tout un paragraphe. Agencez le tout sur des cartes ou des feuillets numérotés de façon visible, distincts pour chacune des parties de l'exposé, selon une disposition mnémotechnique qui vous permettra d'embrasser d'un seul coup d'œil chaque partie du discours. Utilisez des signes conventionnels : tirets, accolades, espaces, flèches orientées vers la droite, la gauche, le haut ou le bas et auxquelles vous aurez donné une signification particulière. Chacun peut inventer sa sténographie personnelle qui lui permettra, le moment venu, d'improviser sans effort.

Conclusion

Pour emporter l'adhésion des auditeurs, reprenez les éléments de l'introduction (« je », « vous », « nous », résumé du plan) en les modifiant et en énumérant non plus les titres de chacune des parties, mais la conclusion de chacune d'elles. Reformulez le message principal. Remerciez. Éventuellement, ouvrez la période de questions. La conclusion devrait être brève mais complète. Bannissez les conclusions escamotées du genre : « C'est tout ce que j'avais à vous dire. Merci ! »

▸ Le ministre de la propagande de l'Allemagne nazie, Joseph Goebbels, qui fut l'un des orateurs les plus efficaces de son pays, se servait d'un plan avec « [...] bien au net les articulations de son discours, divisé par majuscules A,B,C, chiffres romains et arabes I, II, III, 1, 2, 3, minuscules au besoin a, b, c, sans oublier les coups de crayon de couleurs différentes qui soulignent les passages plus ou moins importants, ceux où il faut mettre l'emphase ou non, les endroits où il s'agit de placer une citation, une statistique, des exemples historiques... Il commence par offrir des arguments à l'intelligence pour ne faire appel qu'ensuite aux sentiments[1]. »

1.5. LES SUPPORTS VISUELS ET DOCUMENTAIRES

L'apprentissage se fait à 80 % par la vision[2]. Mais les supports visuels doivent servir uniquement de points de repère discursifs afin de favoriser la compréhension d'une suite logique (c.-à-d. le plan de l'exposé), de concrétiser des éléments abstraits (pourcentages, statistiques, description de lieux, etc.) et d'en permettre une meilleure mémorisation. La prise de parole en public étant un acte de leadership, l'orateur ne doit pas rester au second plan par rapport

1. Helmut HEIBER, *Goebbels*, Paris, Presses de la Cité, 1966.
2. Benoît BAZOGE et Paul DELL'ANIELLO, *Comment réussir des présentations managériales percutantes*, Montréal, Guérin universitaire, 1992.

aux illustrations ; au contraire, il doit conserver son rôle et sa place d'annonceur, de vulgarisateur et d'animateur. Il faut donc bannir la suite ininterrompue de tableaux que l'orateur se contente de lire.

Tableaux muraux

Ils ne conviennent pas aux auditoires dépassant plusieurs dizaines de personnes (ceux du fond ne peuvent pas lire). Ils exigent aussi de l'orateur qu'il sache écrire et dessiner de façon lisible et en se plaçant de biais afin de ne pas tourner le dos à l'auditoire. Le temps passé à écrire puis à effacer est perdu pour l'exposé proprement dit. Par contre, les déplacements de l'orateur obligent les auditeurs à le suivre des yeux, ce qui fixe leur attention. C'est l'effet « *Point de mire* », du nom d'une célèbre émission de télévision au cours de laquelle l'animateur René Lévesque, devenu plus tard premier ministre du Québec, rendait accessibles au plus grand nombre les questions politiques les plus compliquées.

Tableaux de papier (*flip charts*)

Les tableaux de papier permettent moins d'illustrations que les tableaux muraux mais, comme eux, ils présentent l'avantage de l'effet « *Point de mire* ». En outre, on peut rabattre sur le devant les feuilles déjà noircies auxquelles on veut se référer.

Diapositives

Les diapositives sont excellentes pour illustrer des intérieurs ou des extérieurs, mais il y a perte de l'effet « *Point de mire* » puisque la salle est plongée dans l'obscurité. Il y a aussi perte de l'attention : ne voyant plus l'orateur, les auditeurs en profitent pour fouiller dans leurs poches ou bavarder.

Rétroprojecteur

Les tableaux préparés à l'avance sont plus précis et il n'y a aucune perte de temps. L'orateur peut se servir d'une baguette pour insister sur un point. Donc, l'effet « *Point de mire* » est garanti. Si vous n'avez pas l'habitude du pointeur électronique, le petit point rouge va se promener sur l'écran et vous risquez de déclencher des rires. Attention, pour ne pas provoquer une diminution suffisante de l'attention pour que l'orateur perde de son ascendant sur la salle, les tableaux doivent respecter des règles.

- *Horizontalité et latéralité*. Les Occidentaux écrivant et lisant à l'horizontale, de gauche à droite, les tableaux doivent pouvoir être lus dans ce sens (au Japon ou en Chine, ils doivent pouvoir être lus à la verticale, de haut en bas).
- *Simplicité*. Les tableaux doivent compter six lignes et 40 mots au maximum, sinon les auditeurs ne distinguent plus rien.
- *Homogénéité*. Il faut conserver les mêmes formes de caractères; limiter l'usage des majuscules aux titres et sous-titres (les francophones ayant, contrairement aux Anglo-Saxons, de la difficulté à lire les textes en majuscules).

Présentation assistée par ordinateur *(Powerpoint)*

Ce type de présentation comporte les mêmes avantages que le rétroprojecteur tout en étant plus rapide et exigeant moins de manipulation. Les tableaux doivent respecter les mêmes règles d'horizontalité, de latéralité, de simplicité et d'homogénéité et doivent servir à illustrer les points forts et non pas remplacer l'exposé proprement dit. Enfin, l'assistance doit pouvoir voir les tableaux sans quitter des yeux l'orateur qui, lui, doit pouvoir manipuler son ordinateur sans avoir à tourner le dos au public.

Présentations multimédias

Le spectacle impressionne, mais il y a perte de l'effet « *Point de mire* » (l'orateur passe au second plan) et dispersion de l'attention, donc faible taux de rétention du contenu. En outre, il s'agit d'une technique compliquée et coûteuse.

Documents écrits

Les documents écrits doivent être distribués *après* l'exposé, jamais avant ou pendant ; sans quoi la dynamique de l'écoute collective est détruite, les participants se concentrent sur leurs documents, les commentent entre eux, l'orateur perd l'initiative et parle dans le vide (sauf en groupes de discussion, où le document devient un outil de travail).

Faites une répétition afin de vérifier la pertinence des arguments, la logique discursive, le vocabulaire, la durée, les supports visuels. Corrigez. Modifiez la disposition de vos notes afin d'en faciliter la lecture. Prévoyez l'interaction avec la salle. Renforcez la conclusion.

1.6. PAROLE PUBLIQUE CONTRE LECTURE PUBLIQUE

Bien des orateurs ne préparent pas eux-mêmes leurs discours : ils ont un rédacteur ou une rédactrice. D'autres ne laissent à personne le soin d'écrire leurs discours. Les uns comme les autres commettent une erreur car ils se trompent sur le moyen. Les langages parlé et écrit sont complètement différents.

Quand l'homme a voulu fixer le produit de sa pensée sur un support solide, il s'est trouvé devant un problème technique : disposer les mots dans un ordre logique de façon que le lecteur puisse les décoder facilement. On a vu (voir ci-dessus, section Le verbal et le non-verbal) que ce n'est qu'après ce décodage, quand il a eu accès au contenu, que le lecteur éprouve une réaction émotive, alors que dans le langage parlé l'auditeur éprouve d'abord une réaction émotive. En outre, il existe entre le langage écrit et le langage parlé des différences syntaxiques, stylistiques, grammaticales et de perception.

Différences syntaxiques

On utilise dans le langage parlé un grand nombre d'expressions que l'on n'utiliserait pas dans le langage écrit, à moins de composer une pièce de théâtre ou un dialogue de film.

- *Onomatopées:* « Aïe, aïe, aïe ! » ; « Coucou ! » ; « Boum ! » ; Etc.
- *Syncopes:* « Dis pas ça ! » ; « J'te dis qu'ça ! »
- *Mots-contacts:* « N'est-ce pas ? » ; « Effectivement » ; « Comprends-tu ? »
- *Locutions passe-partout:* « Il va sans dire... »
- *Mots introducteurs:* « Il y a... » ; « C'est que... »
- *Amplifications:* « Des tonnes ! » ; « Un million ! »
- *Pléonasmes:* « Monter en haut » ; « Achever complètement » ; Etc.

Différences de styles

Il existe aussi des différences de styles et de structures : le langage écrit est rédigé dans un style presque toujours littéraire et il présente une structure linéaire, alors que le langage parlé est formé de petits ensembles autonomes.

- **Langage écrit** : « Il serait fatal que papa prenne la route avec sa voiture, car ses freins et ses pneus sont en trop mauvais état. »
- **Langage parlé** : « Eh ! Attention ! Faut pas qu'papa prenne la route avec son char. Les freins et les pneus y sont complètement usés. Y va s'tuer ! »

Pour exprimer la même chose, le langage parlé exige plus de temps ; on trouve en général une seule idée par phrase. Certains auteurs estiment que, pour une durée identique, il passe deux fois plus d'informations dans le langage écrit que dans le langage parlé.

Différences grammaticales

Même la grammaire parlée est différente de la grammaire écrite : conjugaison simplifiée (disparition du passé simple et de la plupart des temps du subjonctif) ; licences grammaticales (Des vents et des tempêtes violentes) ; vocabulaire plus familier : (*O.K.* ; *Ça marche !* Remplacement du « nous » par le « on »).

Différences d'expression

- La *ponctuation* parlée est différente de la ponctuation écrite. Même quand ils lisent un texte écrit, les professionnels du micro le parsèment de barres obliques qui ne correspondent pas nécessairement aux virgules et points-virgules imprimés ; cela leur permet de respirer et de mettre un mot ou un groupe de mots en évidence : « Je me voyais / déjà / dans cette maison / pleine de souvenirs. »
- La *scansion* (*rappel*) est une accentuation plus prononcée sur le mot ou le groupe de mots que l'on veut mettre en évidence : « **Je** suis toujours ici... Je suis **toujours** ici... Je suis toujours **ici.** »
- La *répétition d'insistance* permet de souligner l'importance que nous attachons à une idée : « Je suis toujours, **toujours**, ici ! »
- La *répétition déclamatoire* permet de donner un caractère presque lyrique à la phrase : « Je suis **toujours** ici. Je suis toujours à tes côtés. J'y serai **toujours** quoi qu'il arrive. »
- L'*enjambement* consiste à ne pas s'arrêter à la fin d'une phrase et à enchaîner avec les premiers mots de la phrase suivante afin de tenir les auditeurs en haleine et de ne pas leur laisser le temps d'intervenir : « Je serai toujours à-tes-côtés.-Et-déjà (silence) je me voyais dans cette maison pleine de souvenirs. »

Différences psycho-physiologiques

La lecture publique est l'expression d'une pensée médiate et antérieure – elle a perdu une partie de sa charge émotive. La parole est l'expression directe de la pensée immédiate – elle conserve toute sa charge émotive. Mais il y a plus...

Dans le cerveau, l'aire primaire de la vue est située à la partie postérieure du lobe occipital ; elle est entourée d'une aire associative distincte. Ce sont ces aires qui permettent de percevoir puis de décoder le langage écrit. L'aire primaire de l'ouïe est située dans la partie postérieure du lobe temporal. Elle est surmontée, elle aussi, d'une aire associative distincte. Ce sont ces aires qui permettent de percevoir et de décoder le langage parlé. Depuis la naissance nous sommes conditionnés à décoder le langage parlé par nos aires de l'ouïe. Le décodage du langage écrit n'est possible qu'après une certaine maturation du cerveau entre 4 et 6 ans.

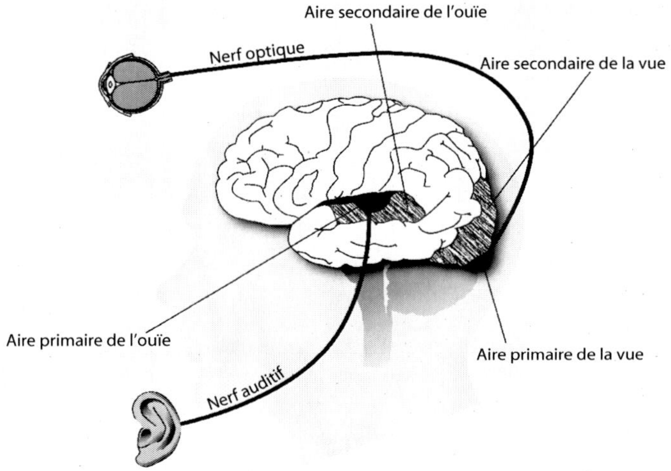

Si, en le sonorisant, on force l'auditeur à percevoir par l'oreille, puis à décoder par les aires cérébrales de l'ouïe un langage dont la syntaxe, la grammaire, le style et le vocabulaire sont conçus pour être perçus par l'œil et décodés par les aires cérébrales de la vue, les aires de l'ouïe, qui n'en ont pas l'habitude, sont forcées d'établir des liaisons synaptiques avec les aires de la vue pour faciliter le décodage de ce texte écrit et lu à haute voix. Le cerveau fait donc un effort supplémentaire qui provoque un stress pouvant dégénérer en perte d'attention et... en somnolence, voire en narcose complète ! C'est la raison pour laquelle des gens s'assoupissent pendant une conférence écrite et lue. Les orateurs possédant le talent de comédien qui leur permettrait d'interpréter leur texte de façon à captiver l'auditoire sont une exception.

Inversement, la lecture d'une pièce de théâtre exige de nous un effort d'abstraction pour imaginer le paralangage qui l'accompagne sur scène et comprendre tout le sens du texte. De même, la lecture de la transcription sténographique d'un débat judiciaire est proprement incompréhensible pour le non-initié.

L'écoute publique exige la parole publique.

Improvisation, contact visuel et feed-back

Quand on lit un texte, on est obligé d'avoir les yeux presque constamment rivés sur son papier. Les membres de la phrase sont tellement dépendants les uns des autres que, si l'on manque un mot, on risque de perdre le fil : la phrase tue les mots alors que les mots inspirent la phrase. Sauf pour les citations qui doivent être exactes, n'écrivez que les titres, les sous-titres, des mots isolés ou des groupes de mots qui évoqueront des idées et vous permettront de parler.

En outre, quand on improvise à partir de notes, on peut relever la tête et regarder l'auditoire pour ne revenir à ses notes que lorsque l'on a fini sa période. Le contact visuel le plus constant possible avec les auditeurs permet de raffermir l'attention. Il faut donc balayer la salle du regard, d'un côté à l'autre et du devant au fond, ni trop vite (ne faites pas l'essuie-glace), ni trop lentement, en essayant d'isoler les individus mais sans s'attarder. Chacun se sentira concerné, vous saura gré de lui prêter attention et vous prêtera attention. Vous pourrez ainsi vérifier l'effet de vos paroles et, si nécessaire, modifier votre présentation selon le feed-back obtenu. Bien sûr, avant de prendre la parole, il faudra vous assurer que la salle n'est pas plongée dans l'obscurité totale. Évitez comme la peste de regarder uniquement une seule personne, celle-là, au premier rang, qui finira par se sentir incommodée par votre insistance.

En cas de trou de mémoire, répétez ce que vous venez de dire afin de vous donner le temps de penser à ce qui doit suivre; avouez tout bonnement « Où en étais-je ? », cherchez dans vos notes: les auditeurs vous sauront gré de travailler pour eux; trouvez la périphrase équivalant au mot que vous cherchez ou demandez aux auditeurs de vous aider, ils adorent.

▸ En janvier 1998, un « verglas du siècle » s'est abattu sur le Québec, privant d'électricité la population pendant plusieurs jours et même plusieurs semaines en certains endroits. Un an plus tard, se tenait à Montréal un colloque sur les « Communications en période de crise » afin de faire le point. Surprise : pour respecter l'horaire, on avait demandé aux conférenciers de **lire** leur texte ! Ce fut, bien sûr, mortellement ennuyeux. Les rares invités qui ont su captiver leur auditoire sont ceux qui sont sortis de leur texte pour **parler**. Entre autres, un jeune journaliste de la station de radio de Saint-Jean-sur-Richelieu qui est venu, **sans texte,** raconter comment, de jour comme de nuit dans la neige et la glace, ses collègues et lui avaient dû monter à dos d'homme des bidons de mazout pour alimenter la génératrice de secours faisant fonctionner l'émetteur situé sur une montagne. On se tordait de rire.

1.7. CONVAINCRE

Toute personne qui s'apprête à prononcer une causerie, une conférence ou à faire un simple exposé s'attend à ce que ses auditeurs acceptent ses informations comme étant véridiques et ses arguments comme étant fondés. Cette personne demande que l'on soit d'accord avec elle, donc que l'on se montre solidaire de son point de vue, de ses intérêts, de ses projets. Or...

La solidarité ne s'impose pas,
on ne peut que l'inspirer.

La première préoccupation de l'orateur sera donc d'influencer les auditeurs pour qu'ils accueillent favorablement son message. D'abord, sans tenir compte du contenu intellectuel, les influencer par tout ce qui relève du verbal et du non-verbal.

La présentation physique

« Quand vous paraissez, votre habillement, votre coiffure, votre langage corporel sont immédiatement remarqués. La première impression ne se répète jamais[3]. » On recommande une tenue vestimentaire sobre et adaptée aux circonstances, une coiffure et une parure discrètes, une posture naturelle, des positions assise ou debout équilibrées, des gestes et des expressions faciales illustrant naturellement le discours, un contact visuel constant sur l'ensemble de la salle, le contrôle des tics et le sourire.

La voix

On constate, sans qu'on puisse l'expliquer vraiment, qu'indépendamment de leur nationalité les Européens ont tendance à parler avec le devant de la bouche, alors que les Nord-Américains parlent surtout du nez et de la gorge (pour favoriser la communication, les écoles de diction anglo-saxonnes ont inventé le *Mid-Atlantic English*).

La pose de voix consiste à parler avec toute la cavité buccale et non pas seulement avec les lèvres, le nez ou la gorge, ce qui dans les trois cas affecte la diction. Il faut soigner l'*articulation* des consonnes et la *prononciation* des voyelles. Également, contrôler le *débit* (ni trop rapide ni trop lent), ajuster le *volume* aux dimensions de la salle et à l'éloignement des auditeurs, adopter un *registre* légèrement en dessous de son registre habituel (ni trop grave au point d'être inconfortable pour soi, ni trop aigu au point d'être inconfortable pour les autres), respecter *l'accent tonique* (suivre la ligne mélodique ascendante de la

3. Kathy THEBO et Joyce NEWMAN, *Selling Yourself*, New York, Master Media, 1994.

langue française avec accentuation sur la dernière syllabe – hôpi**tal** – et éviter l'accent tonique anglais en insistant sur les premières syllabes de chaque mot – **hos**pital –, ce qui donne une élocution martelée, hachée et désagréable, moduler les phrases en variant le débit, le rythme et le volume, les accentuations d'insistance, le registre, de façon à suivre le contenu émotif du texte, souligner le caractère important ou nouveau de tel élément et éviter la monotonie.

Les sentiments

Il convient de demeurer naturel sans chercher à cacher ses sentiments, voire ses émotions, en évitant cependant de se laisser emporter par la passion, notamment l'expression de la colère, de la haine, du racisme. Apprendre à contrôler son trac en pratiquant la respiration abdominale. (*Voir plus haut, section : Le trac*) Surtout, il faut cultiver le sourire, qui est le meilleur moyen de séduire l'auditoire, même quand on parle de choses sérieuses.

On peut parler de choses sérieuses sans avoir l'air sinistre.

Le dialogue avec l'auditoire

- S'adresser à l'auditoire en disant « vous... ». Ne pas hésiter à personnaliser : « je, mon, mes, nous, le vôtre », etc.
- Contrôler le feed-back. Choisir le moment opportun, solliciter les questions, les poser soi-même si personne ne répond à l'invitation, pratiquer l'écoute active, grouper les questions similaires, faire participer le groupe aux réponses.
- Contredire sans « confronter ». Si un opposant, un sceptique se lève pour formuler des objections : pratiquer l'écoute active ; faire abstraction de la personnalité ou des sentiments de l'interlocuteur ; ne pas s'opposer directement ; relever et nommer les points

sur lesquels vous êtes en accord ; au besoin, féliciter l'opposant (« *Kill him with kindness* », disent les Anglais) ; présenter l'autre façon de voir les choses en objectivant au maximum ; inviter à la recherche d'un compromis.

La mise en scène

Il est préférable d'utiliser un micro-cravate avec une simple table pour y poser ses notes. Vous serez plus à l'aise, car la position debout facilite la gestuelle ainsi que la respiration abdominale et met l'orateur en position dominante. Le lutrin ou pupitre transforme l'orateur en « tête parlante » et gêne la gestuelle, la plupart des orateurs s'accrochant aux côtés du meuble. Enfin, le micro fixe empêche le mouvement et vous êtes forcé de demeurer dans une pose statique (perte de l'effet « *Point de mire* »).

La parole proprement dite

Ne jamais faire de phrases trop brèves ou trop longues (qualifier le « oui » et le « non ») ; vulgariser au maximum (même devant des spécialistes) et bannir le langage abstrait ; employer des images, des formules, des analogies, des exemples concrets mais éviter les digressions ; réduire le nombre de chiffres, de statistiques et les arrondir ; choisir des citations courtes et signifiantes ; contrôler les tics verbaux (Euh !... Au niveau de..., N'est-ce pas..., etc.) et les remplacer par un silence bref ; dire toujours la vérité (le mensonge se voit et est presque toujours découvert) ; compenser les vérités défavorables par des arguments favorables ; s'en tenir aux faits, sauf quand un jugement de valeur est indispensable ; corriger ses erreurs ; revenir au message principal.

2. LES RÉUNIONS

Une maladie qui mine bien des organisations, c'est la « réunionite ». On se réunit pour n'importe quoi, sans but défini, parfois par tradition à date fixe, ou à la demande d'un chef désirant affirmer son autorité et se débarrasser de ses tâches sur ses subordonnés. On ne doit pas se réunir par principe mais par besoin.

La réunion étant un processus communicationnel multidirectionnel, la première question qu'il faut se poser est: quel est l'objectif poursuivi? Veut-on donner de l'information, recueillir de l'information, motiver les participants, trouver une solution à un problème? La seconde question devrait être: la réunion est-elle le meilleur moyen pour réaliser cet objectif? Pourrait-on y parvenir par l'envoi d'un mémo, d'un questionnaire, par des rencontres à deux? Ce n'est qu'après avoir répondu à ces questions que l'on pourra déterminer le nombre et le rang ou la qualité des participants, la durée de la réunion, la date et le lieu.

On distingue: les *réunions passives* ou d'information, au cours desquelles le leader donne de l'information à des personnes dont le nombre peut être élevé mais qui ne sont que des auditeurs; les *réunions actives* ou de discussion, au cours desquelles le leader recueille auprès des participants des informations, des opinions, met un projet en discussion; les réunions de création (résolution de problème ou remue-méninges [*brainstorming*]).

2.1. L'EFFICACITÉ DES RÉUNIONS

(Voir ci-avant, la section La connaissance de l'auditoire). Plusieurs facteurs contribuent à l'efficacité des réunions.

- *Le nombre*. De cinq à dix participants semble le nombre idéal; à moins de cinq, on risque la pauvreté intellectuelle; à plus de dix, le fractionnement en sous-groupes nuit à la cohésion.

- *La cohésion*. Il est important que les participants soient en accord avec l'objectif de la réunion, qu'ils aient tous une connaissance suffisante du sujet, qu'ils aient tous confiance entre eux et dans leur leader, et qu'ils aient tous la volonté de participer. Cohésion ne veut pas dire unanimité et conformisme qui peuvent conduire à des résultats non significatifs.
- *Les conditions matérielles*. Invitations, convocations, ordre du jour, date et lieu, durée, ambiance à l'intérieur et à l'extérieur, déroulement doivent faire l'objet d'une préparation minutieuse.
- *Le leadership.* C'est le leader qui définit le sujet, fixe l'objectif, établit l'ordre du jour, détermine le nombre et la qualité des participants, choisit la date et le lieu de la réunion, vérifie son acoustique et l'agencement des meubles, prévoit le matériel, envoie les invitations (participation libre) ou les convocations (participation obligatoire) et, enfin, fixe les règles de la procédure. Il expose le sujet, les circonstances ainsi que les enjeux et l'objectif visé. Pour pouvoir garder son droit de parole, le leader peut laisser la présidence à une tierce personne : un ou une secrétaire rapporteur. À moins qu'il n'ait laissé la présidence à un tiers, le leader évalue la capacité d'écoute et de participation de chacun, donne la parole, encourage l'expression des opinions, accueille les suggestions et souligne les arguments à retenir, fait préciser les aspects constructifs et retient les points d'accord. Il oriente les débats et ramène la discussion sur le sujet ; lutte contre le silence, les bavardages, l'accaparement du temps de parole, la déviance et le sabotage ; contredit et corrige en évitant la confrontation, contrôle le feed-back, résume et remercie.
- *Le groupe.* Dans toute réunion, on trouve toujours un initiateur, un solliciteur d'opinions, un fournisseur de réponses, un critique, parfois un opposant, un partisan du compromis, un timide, un mentalement absent, un déviant. Les participants doivent attendre leur tour de parole, parler brièvement en allant au fait et en évitant

le ton passionnel, s'abstenir de toute intervention intempestive, ne pas s'engager dans des conversations particulières, n'émettre des avis que sur l'invitation du président, ne proposer des amendements qu'après avoir obtenu la parole, voter et... aider les autres à remettre la salle en ordre.

2.2. LA RÉSOLUTION DE PROBLÈMES

La réunion doit commencer au lieu et à l'heure prévus :

- mot de bienvenue, présentation brève et claire du problème, exposé de l'objectif ;
- modification de l'ordre du jour si c'est nécessaire et explication de la procédure ;
- premier tour de parole ;
- synthèse des *pour* et des *contre* de chaque solution possible ;
- deuxième tour de parole et synthèse des *pour* et des *contre* ;
- troisième tour de parole au besoin ;
- synthèse finale ;
- décision prise au vote ou différée si elle doit être prise par une autre instance ;
- clôture (à l'heure prévue) de la réunion, remerciements ;
- si c'est approprié, envoi d'un compte rendu aux participants.

2.3. LE REMUE-MÉNINGES *(BRAINSTORMING)*

L'objectif du remue-méninges est de faire jaillir des idées sur un sujet donné, sans forcément qu'il y ait résolution de problème ou prise de décision. Le nombre idéal de participants est de 10 à 20 personnes ; l'animateur fait l'exposé d'ouverture, puis il y a assaut d'idées pendant une heure : les participants lancent les idées qui leur passent par la tête ; ces idées sont enregistrées sur magnétophone ou par un ou une secrétaire efficace.

Il faut disposer d'une table ronde, ovale ou rectangulaire. L'animateur se place en bout de table, demeure neutre et se borne à relancer l'assaut d'idées ou à réorienter en cas de déviance. Il fait respecter les quatre règles du remue-méninges : 1) Obtenir un maximum d'idées ; 2) Laisser les imaginations libres ; 3) Interdire la critique ; 4) Respecter le droit de parole (les participants lèvent la main).

Le dépouillement et le jugement des idées émises doivent être faits par un groupe n'ayant pas participé au remue-méninges. Les idées similaires sont classées et synthétisées, et le tout est remis à un jury de sélection qui choisit la meilleure idée susceptible d'être mise en œuvre.

3. LA COMMUNICATION ORGANISATIONNELLE

Quatre-vingts pour cent des activités d'administration et de gestion relèvent de la communication, que ce soit de la communication interpersonnelle ou de la communication de groupe, écrite, auditive seule ou audiovisuelle. Il ne peut y avoir production efficace de biens ou de services sans une communication constante entre tous les intervenants.

On distingue, d'une part, les *communications fonctionnelles* qui permettent aux organisations de fonctionner à court, moyen et long terme, tant à l'interne qu'à l'externe (conversations téléphoniques, rencontres et réunions, notes de service, bons d'achat, factures, correspondance, rapports, etc.) et, d'autre part, les *communications institutionnelles* qui permettent aux organisations de se positionner et de se représenter comme institution à l'externe comme à l'interne (nom, logo, marques de commerce, campagnes de promotion et de publicité, événements officiels, commandites et parrainages, mais aussi insignes et badges, T-shirts, casquettes ou uniformes que les employés sont heureux d'arborer quand tout va bien).

3.1. LA QUADRATURE DU CERCLE ENTREPRENEURIAL

Face au défi de la mondialisation, les entreprises sont forcées de s'adapter. Elles doivent produire plus et mieux, trouver de nouveaux marchés, satisfaire un nombre croissant de clients toujours plus exigeants et, surtout, lutter contre la concurrence de pays qui produisent les mêmes biens et services pour beaucoup moins cher. Si ces entreprises veulent survivre, il leur faut abaisser leurs coûts de production et de main-d'œuvre dont on ne peut pas se passer malgré tous les progrès technologiques. Or, c'est une vérité de La Palice que l'homme ne travaille bien que s'il est content de son travail et du profit qu'il en retire.

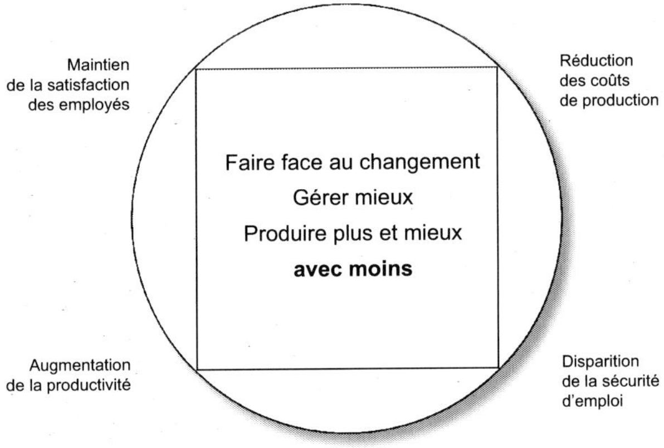

3.2. LES CONDITIONS DE SURVIE DES ENTREPRISES

Il faut donc, si elles veulent continuer à produire des biens et des services de qualité et concurrentiels, que les entreprises fassent en sorte que leurs employés soient satisfaits malgré les réductions de personnel, parfois même de salaire, les modifications de structures, les fusions et acquisitions, les changements de procédés de fabrication, les fermetures temporaires ou définitives, les délocalisations et le sentiment d'insécurité qui résulte de tout cela.

En 1943, A.H. Maslow avait imaginé d'illustrer sous la forme d'une pyramide les besoins des employés. Cette pyramide, bien que critiquée par certains auteurs, est toujours valable.

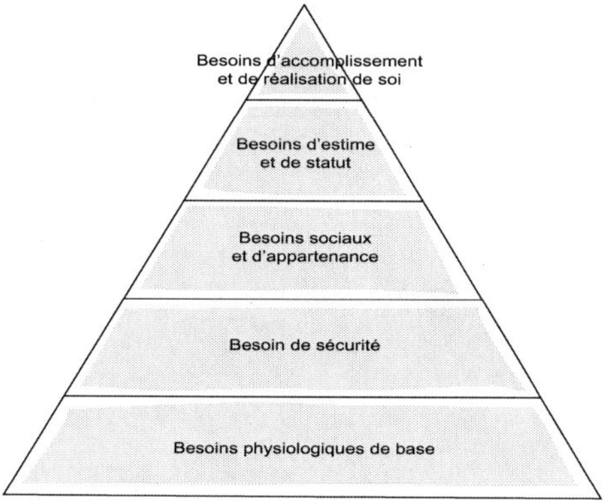

Il apparaît très nettement que, si l'on réduit la satisfaction des besoins fondamentaux des employés (besoins physiologiques et besoin de sécurité), donc si l'on diminue la base du triangle de Maslow, il faut, pour conserver sensiblement le même degré de motivation, d'implication et de responsabilisation des employés, compenser en augmentant la satisfaction des besoins sociaux et d'appartenance, d'estime, de statut et de réalisation de soi.

Le défi de la gestion des ressources humaines est donc: transformer une participation subie à des changements et des efforts d'adaptation imposés d'en haut en une participation sinon volontaire, du moins acceptée de bon gré; maintenir ou accroître le sentiment d'appartenance, l'esprit de solidarité unissant les employés à leurs dirigeants, leur intérêt dans la survie de l'organisation et leur engagement dans la voie des compromis sur les salaires et les conditions de travail. En ressources humaines aussi *la solidarité ne s'impose pas, on ne peut que l'inspirer.* On n'y parvient qu'en améliorant la communication interne.

Malheureusement, les organisations embauchent leurs cadres en fonction de leurs compétences professionnelles techniques, commerciales, financières ou autres, sans tenir compte de leurs habiletés communicationnelles. En outre, elles commettent souvent les erreurs de croire que pour communiquer il suffit de parler ou d'envoyer une note, que la communication relève uniquement de la haute direction, que si les employés ont des choses à dire, ils n'ont qu'à le faire et que tout ce qui est communiqué est compris. Si les communications internes sont déficientes, on risque: baisse de la qualité, réduction des rythmes de production, perte de marchés, frustration, perte d'intérêt, cynisme, rébellion, perte de la compréhension exacte du rôle de chacun dans le tout, perte de confiance dans l'organisation et du sentiment d'appartenance, gaspillage et parfois sabotage.

3.3. LA TRANSPARENCE

La transparence est maintenant couramment acceptée comme un principe de saine gestion des ressources humaines. Deux grands principes la sous-tendent.

- *Le droit à l'information* : Les employés consacrant la moitié de leur temps actif à leur organisation (qui n'existerait pas sans eux), ils ont le droit de savoir ce qu'il s'y passe : besoins des clients, quantités et qualités requises, moyens, santé financière, concurrence, acquisition-fusion, changements technologiques, de procédés, de structures.
- *La liberté de l'information* : L'information concernant l'entreprise doit être, à l'interne, accessible à la fois physiquement et intellectuellement, objective, pertinente, complète, constante (et non pas seulement quand il y a crise interne ou menace de crise).

3.4. L'EFFICACITÉ DES MOYENS DE COMMUNICATION INTERNE

Voici, à titre indicatif, les résultats d'une étude sur l'efficacité des communications internes réalisée par la firme de relations publiques canadienne National et publiée lors d'un *Séminaire sur la gestion des communications d'entreprises dans le changement* à Montréal en 1994.

▸ Ma consœur Sylvie Gendreau[4], spécialiste de la créativité dans les entreprises, a convaincu une société sidérurgique québécoise d'installer dans ses ateliers l'équivalent électronique des anciennes boîtes à suggestions. Ce sont des terminaux d'ordinateurs que les employés peuvent utiliser pour correspondre entre eux ou avec la direction, faire part de leurs suggestions, de leurs critiques et même de leurs états d'âme. Il en est sorti un véritable journal interne, œuvre de tout le monde qui, en plus de renforcer le sentiment d'appartenance, sert de défouloir et donne le pouls du groupe social.

4. Sylvie GENDREAU, conseillère en communication et en gestion, spécialisée en innovation et créativité dans les entreprises. Conférencière. Auteure de *La cité des intelligences*, paru à Montréal en 1998, Édition Lieu/Pl. publication.

Taux d'efficacité des moyens de communication interne

Moyens écrits	
▪ *Publications habituelles (journal d'entreprise régulier)*	25 %
▪ *Lettres et mémos*	28 %
▪ ***Publications spéciales***	**42 %**
Moyens verbaux	
▪ *Rencontres avec de grands groupes*	38 %
▪ *Rencontres informelles*	44 %
▪ *Groupes de discussion*	50 %
▪ *Rencontres avec les dirigeants*	51 %
▪ *Groupes de travail*	60 %
▪ ***Rencontres avec de petits groupes***	**63 %**

Moyens audiovisuels

Cassettes vidéo ou DVD contenant un discours du PDG à ses employés : ces moyens sont difficiles à réaliser et coûteux ; ils nécessitent un équipement audiovisuel adéquat et une salle d'écoute ; ils sont peu convaincants, car l'audience conserve son quant-à-soi et son recul critique ; l'interaction et le feed-back sont impossibles, d'où une frustration possible de l'auditoire.

3.5. LES OBSTACLES À LA COMMUNICATION ORGANISATIONNELLE

Les activités de gestion reposent à 80% sur la communication. Les organisations doivent d'abord en prendre conscience, bâtir des structures organisationnelles efficaces dotées de moyens adéquats utilisés à bon escient.

Les mauvais outils

On trouve encore des organisations dont le système téléphonique est archaïque ou au contraire tellement sophistiqué qu'il est difficile de s'en servir et que, parfois, il est plus simple et plus rapide de se déplacer en personne. Certaines n'ont pas d'équipement pour effectuer des conférences téléphoniques ou pas de réseau Intranet. Ailleurs, on cherche en vain un simple tableau d'affichage. Certains cadres cachent si bien leur agenda que leur secrétaire n'est pas au courant de leur emploi du temps.

La mauvaise organisation

Le cloisonnement hermétique entre les différents services est courant, quelles qu'en soient les causes, et constitue un frein à la libre circulation de l'information interne. L'opération indépendante des centres de profit nuit à la communication verticale et horizontale. À mi-chemin entre les mauvais outils et la mauvaise organisation, on trouve : la multiplication et la complexité des formulaires qu'il faut remplir ou plutôt qu'il faudrait remplir au risque de perdre la trace de certaines opérations.

▸ Le directeur général d'un hôpital québécois a appris dans l'hebdomadaire local que son service de neurologie venait d'acheter un appareil d'imagerie à résonance magnétique (scanner), alors que celui du service de cardiologie n'était utilisé qu'à 45 %.

La mauvaise volonté ou absence de conscientisation des employés

On découvre parfois que certains cadres ignorent, involontairement ou non, les termes de la convention collective ou que, à l'opposé, les employés des ressources humaines ignorent ou veulent ignorer la nature et les exigences du travail des employés de production. Certains cadres n'ont jamais mis les pieds dans les ateliers ; d'autres s'imaginent qu'en retenant l'information ils conserveront plus de pouvoir. En règle générale, on ne sensibilise pas le personnel à l'importance d'assurer un flux communicationnel constant et rapide.

▸ Dans une société immobilière de Montréal, une facture mettait deux semaines pour se rendre d'un service à l'autre! Il a fallu mettre en œuvre un programme de formation de tous les employés du haut au bas de l'échelle hiérarchique pour relancer le flux des informations fonctionnelles.

La perversion des moyens existants

Dans de nombreuses organisations, le journal d'entreprise n'est que le haut-parleur de la direction générale: opérations financières, déplacements du PDG à l'étranger, tournoi de golf de la direction; comme cela n'intéresse personne à part les cadres supérieurs, les employés ne le lisent pas, si bien que le jour où le journal contiendra une information d'intérêt général, le personnel ne sera pas au courant. De même, le réseau Intranet est tellement surchargé que les employés ne le lisent plus. Les réunions de production sont une perte de temps: les participants arrivent en retard, aucun ordre du jour n'est distribué à l'avance, le dirigeant manque d'autorité si bien que chacun va en profiter pour sortir du sujet et raconter ses histoires personnelles. Ou encore, le tableau d'affichage est transformé en babillard, les petites annonces cachant les communications officielles.

3.6. LES DÉRIVES DE LA COMMUNICATION

L'absence ou la pauvreté des communications facilitent toutes les déviations: bruits et rumeurs, mouvements de rébellion, mensonges officiels pour cacher la vérité aux employés. La situation devient schizophrénique.

La rumeur

La rumeur vient la plupart du temps d'un manque de transparence et de communication de la part des dirigeants, manque exploité par certains qui se valorisent ou en tirent profit; elle comble un besoin inné d'information; sa force réside dans le fait qu'elle permet d'échapper à la réalité, de justifier et d'entretenir les rêves, les illusions, les antagonismes. Optimiste ou pessimiste, elle a toujours des effets pernicieux. Il faut stopper la rumeur immédiatement, rétablir les faits et, si possible, neutraliser les auteurs.

Les insultes et invectives

Ignorer les remarques désobligeantes, insultes et invectives ou y répondre est une question de jugement et de circonstances. Il est conseillé d'éviter les attitudes extrêmes (défi, sourire moqueur, air battu et coupable), de conserver son calme et de ne jamais endosser l'agressivité de l'interlocuteur, de ne jamais répondre au cri par le cri ni à l'insulte par l'insulte, de faire preuve de compréhension et de compassion, d'expliquer la situation en simplifiant et objectivant au maximum, de s'engager à faire son possible pour régler la situation et d'inviter le mécontent à participer à la recherche d'une solution.

Le mensonge

Le mensonge établit une réalité qui ne correspond pas aux faits. Il finit toujours par être découvert et il a toujours des effets néfastes.

- Enron, société américaine dont le siège social se trouvait à Houston, Texas, était le leader mondial du courtage en énergie avec des actifs de plus de 47 milliards, un chiffre d'affaires de 101 milliards en 2001 et 21 000 employés répartis dans 40 pays.

  Mais Enron avait établi une stratégie basée sur le mensonge. Pour masquer les pertes et continuer à collecter du capital, ses dirigeants se sont livrés à des opérations risquées : acquisitions spectaculaires, établissement de succursales et de sociétés partenaires bidon, transactions virtuelles, etc., le tout avec la complicité de la société de vérification Arthur Andersen qui approuvait ce système de « comptabilité stratégique ». Enron a menti à ses actionnaires, à ses prêteurs, à ses clients, à ses fournisseurs et à ses employés qui, souvent, étaient porteurs d'actions. Résultat : l'action d'Enron tombe en six mois de 90 $ à rien : plus de 20 milliards de dettes et, le 2 décembre 2001, la plus grosse faillite de tous les temps. Des milliers de braves gens ruinés. Les dirigeants d'Enron ont été jugés et condamnés.

CHAPITRE 4

LA COMMUNICATION MÉDIA

Faire face aux médias

La **COMMUNICATION MÉDIA** *est une prise de parole publique dans un média (la presse écrite, la radio, la télévision) et, la plupart du temps, grâce à un intermédiaire (le journaliste) servant d'interlocuteur.*

Comme le disait Ésope au sujet de la langue, on peut dire que ***la presse est à la fois la meilleure et la pire des choses.***

Les médias ne sont pas une invention récente. Déjà dans l'Empire romain, 50 ans avant notre ère, Jules César faisait afficher les *Acta Diurna* (les actes du jour) qui annonçaient les décisions de son gouvernement. C'est Louis XI qui, en France, organisa en 1464 le premier service postal public, mais dès le Moyen Âge, dans toutes les villes, des crieurs publics annonçaient les principales ordonnances des dirigeants. Toutefois, plus que de médias au sens propre, il s'agissait d'outils de communication de l'information officielle réservés aux gouvernements ou aux grands de ce monde.

Avant l'apparition des médias, la diffusion des informations se faisait de bouche à oreille. Ce fut donc le premier média mais qui conduisait à de nombreuses déformations des faits, voire à des fabulations extraordinaires. Tous les monstres, ogres et autres créatures horribles de toutes les mythologies ont sans doute pour origine des rumeurs nées de l'imagination populaire ou d'événements qui, de nos jours, relèveraient de la chronique des faits divers.

La première publication imprimée de langue française à laquelle on peut donner le nom de média est la *Gazette de France*, fondée en 1631 par Théophraste Renaudot. Elle avait été précédée en Allemagne du *Avisa Relation oder Zeitung* en 1609, du *Frankfurter Journal* en 1615 et du *Frankfurter Postamzeitung* en 1616. En 1762, la *Gazette de France*, publiée deux fois par semaine, devint l'organe officiel du gouvernement de Louis XV. En 1764, un an après le Traité de Paris qui octroyait le Canada à l'Angleterre, parut la première *Gazette de Québec*, qui était bilingue et donnait les nouvelles officielles. Le premier quotidien de langue française fut le *Journal de Paris* en 1777. Il fallut attendre les révolutions américaine (1774-1781) et française (1789) pour voir apparaître les premiers journaux d'opinion.

Les inventions se succédant, on assiste à une multiplication des outils de communication. Le télégraphe optique de Claude Chappe a été inauguré le 15 août 1794 pour transmettre à Paris la nouvelle de la victoire de Valmy : 220 kilomètres en une heure ! La mise au point des presses mécaniques a permis de publier les premiers journaux quotidiens d'information générale et à grand tirage : le *Sun* de New York en 1833 et *La Presse* de Paris en 1836 qui se vendaient un sou. En 1838, Samuel Morse inventait le télégraphe électrique qui a été utilisé pour la première fois par des journalistes lors de la prise de Sébastopol pendant la guerre de Crimée en 1855. De même, la guerre de Sécession américaine (1861-1865) est la première à être « couverte » par des reporters photographes. Graham Bell invente le téléphone en 1876. En 1901, c'est l'invention de la télégraphie sans fil (TSF) par Guglielmo Marconi. En 1911, le bélinographe inventé par Édouard Belin permet la première transmission par fil de photographies de presse entre Paris et Lyon. La radio commerciale (par opposition à la TSF) apparaît en Pennsylvanie en 1920 et la première station de radio commerciale de langue française (CKAC) à Montréal en 1922. Enfin, la première station de télévision commerciale naît à Paris en 1939, suivie bientôt des stations de Londres et de New York.

Tout comme dans d'autres secteurs, le monde des médias repose sur une histoire et sur des traditions professionnelles qui parfois remontent loin dans le temps.

1. L'ORGANISATION DES MÉDIAS

Qu'ils appartiennent à la presse écrite, à la radio ou à la télévision, il existe des médias *nationaux* (*La Presse, The Globe and Mail, Le Monde, CBS, Radio France, Radio-Télévision belge*), *régionaux* (*The Gazette, Le Journal de Québec, La Tribune de Sherbrooke*), *locaux* (journaux de quartier, radios communautaires, journaux ethniques) et *spécialisés* (bulletins du 3e âge, *Les Actualités médicales*). Il y a des quotidiens et des périodiques. À l'intérieur des médias nationaux, on trouve des informations régionales et des chroniques spécialisées, et inversement. Également, les grands journaux quotidiens, de même que les grandes chaînes de radio et de télévision, ont des chroniques ou des émissions hebdomadaires.

Remarque

Quand une organisation désire porter un fait ou une prise de position à la connaissance du public, elle s'adresse presque exclusivement aux médias nationaux ou régionaux qui, souvent, ne daignent pas publier le communiqué ou envoyer un reporter à la conférence de presse. Les organisations ont tort de sous-estimer l'influence des médias locaux et spécialisés. Les bulletins municipaux, les journaux dits ethniques, la radio interne de tel établissement d'enseignement supérieur, etc., ont une grande force de pénétration. Les directeurs de la communication devraient inclure tous ces médias dans leur liste de presse et avoir avec eux des relations aussi suivies que celles qu'ils entretiennent avec les grands médias.

Médias imprimés

Qu'il s'agisse des quotidiens, des hebdomadaires, des revues, des magazines ou des bulletins internes, les médias imprimés constituent une source importante d'informations. On y trouve dans le même numéro non seulement des nouvelles sur les différents secteurs de l'activité humaine, mais aussi des analyses, des commentaires, des opinions, des retours sur le passé, des projections et des portraits. Depuis l'avènement de la télévision, le tirage des journaux a sensiblement diminué et ils doivent constamment chercher à varier leur présentation et à se diversifier pour conserver leurs lecteurs.

Contrairement à la radio et à la télévision dont le contenu est fugace, les médias imprimés sont des objets solides et relativement durables que l'on peut lire, conserver, relire.

Ils favorisent la rétention, la réflexion et le commentaire. Ils s'adressent d'abord à l'intelligence et ce n'est qu'après le décodage qu'ils provoquent une réaction émotionnelle. Les journalistes de la radio et de la télévision reprennent volontiers les nouvelles parues dans le quotidien du matin ou trouvent un sujet de reportage dans un magazine spécialisé. Les journalistes de la presse écrite utilisent de plus en plus le téléphone pour faire leurs entrevues et enregistrent les propos de leurs invités afin de conserver la preuve de leur authenticité.

Radio

Avec ses bulletins répétés d'heure en heure et la légèreté de l'équipement requis (un reporter peut entrer en ondes avec son téléphone portable), avec aussi sa faculté d'aller trouver l'auditeur jusque dans sa voiture, la radio est un moyen d'information instantané idéal pour suivre les événements en direct. Les seuls facteurs de distraction sont les caractéristiques de la voix de celui qui parle, les bruits parasites dus à une mauvaise réception ou à l'environnement sonore, une activité préoccupante ou le manque d'intérêt du sujet.

Sauf quand la radio est utilisée comme fond sonore, l'auditeur est attentif à la voix qui lui parle. Comme il pense à environ 450 mots à la minute, alors que le débit normal de la parole est d'environ 150 mots à la minute, cela favorise le recul, la réflexion et la critique. (C'est pour éviter cet « écueil » que les régimes totalitaires, que ce soit l'Allemagne nazie ou les pays communistes, ont toujours favorisé, de préférence à l'écoute individuelle, l'écoute collective qui nivelle les individualités et entraîne une perte de l'esprit critique.)

Télévision

Dans les pays occidentaux, la télévision est devenue le plus important moyen d'information de 80 à 90 % des gens qui, l'apprentissage se faisant principalement par la vision, lui accordent une très grande crédibilité, quitte à aller chercher dans leur quotidien du matin la confirmation de ce qu'ils ont vu la veille au soir à la télé. Toutefois, la multiplication des chaînes spécialisées et la facilité avec laquelle on peut passer de l'une à l'autre sans s'y arrêter ont quelque peu réduit l'impact des émissions d'information, qui ont toutes subi une légère mais sensible baisse de leur auditoire.

La télévision s'adresse d'abord aux sens de la vue et de l'ouïe, donc provoque d'abord des réactions émotives et, l'image primant le contenu, elle favorise peu le recul et la réflexion. Chaque nouvelle ne durant pas plus de deux minutes en moyenne et les progrès technologiques ayant entraîné une mondialisation des images, le téléspectateur a le sentiment d'être informé de tout, alors qu'en fait il n'a eu qu'une vue kaléidoscopique de l'actualité.

Internet

Internet, qui se généralise, ne risque-t-il pas de devenir un média de diffusion sauvage de l'information sans le contrôle et le traitement critique exercés par les journalistes professionnels dans les médias traditionnels ? En 1998, un Américain, Matt Drudge, s'est rendu célèbre en publiant sur son site Web personnel les confidences téléphoniques de Monica Lewinsky à une amie sur ses relations intimes avec le président Bill Clinton, information reprise par les médias avides de sensationnel. Auparavant, il avait déjà publié d'autres informations plus ou moins scandaleuses qui, elles aussi, avaient été reprises par les médias mais qui, toutes, s'étaient révélées fausses et sans fondement. D'où un débat : avec Internet, va-t-on revenir au temps de la diffusion sauvage des informations sans aucune garantie sur la véracité des faits ?

Bien sûr, il y aura toujours des gens prêts à diffuser n'importe quoi, il y aura toujours un public avide de rumeurs et il y aura toujours quelques journalistes disposés à publier n'importe quoi pourvu que ce soit sensationnel et qu'ils soient les premiers. Mais qu'un canular, une rumeur ou une information confidentielle soient colportés par le bouche à oreille, les journaux, la radio, la télévision ou Internet, c'est toujours un canular, une rumeur ou une information confidentielle, qu'il faut prendre avec un grain de sel.

Les gens qui se sont équipés d'un site Web et qui y publient n'importe quoi sont une minorité : ils manqueront toujours de crédibilité et aussi de moyens pour diffuser des images d'Afghanistan ou les résultats des élections législatives. Les médias traditionnels prennent maintenant grand soin de vérifier les informations colportées sur Internet et se sont dotés de sites officiels offrant un résumé des contenus publiés dans leurs éditions papier, radiophoniques ou télévisées. Les « blogues » qui se multiplient à l'échelle nationale et internationale constituent des lieux de discussion et d'échange d'opinions, parfois d'informations authentiques, comparables à l'agora et au forum de l'Antiquité, à la place du village, aux salons des XVIIIe et XIXe siècles et aux cercles politiques actuels. Sauf qu'ils peuvent servir à dénoncer des injustices, corriger des informations fausses, créer des mouvements d'opinion, contourner les systèmes de censure et que, mondialement, les autorités devront en tenir compte.

Contraintes des médias

Les médias sont tous soumis à des contraintes : espace, temps, fréquence, illustrations, concurrence. Si l'on peut, à la rigueur, ajouter une feuille supplémentaire au journal imprimé, les radiojournaux et téléjournaux ont des durées fixes qu'on ne peut outrepasser. Cela dit, il est plus facile de couper les émissions régulières pour passer un bulletin spécial d'information que de lancer dans les rues une édition spéciale du journal. L'obligation d'effectuer un tri devant la surabondance d'informations constitue une autre contrainte : quelle nouvelle faire sauter pour passer une primeur ? En outre, si la radio ne diffuse que des sons, la télévision a besoin d'images, avec ce danger que le caractère spectaculaire de l'image peut primer l'importance de l'événement. Enfin, les médias sont des entreprises qui doivent être rentables, ce qui, dans un contexte de concurrence commerciale et de rationalisation des coûts, a des conséquences indiscutables sur le contenu.

2. LES MOTIVATIONS DES MÉDIAS ET DES JOURNALISTES

Pour répondre aux questions des dirigeants d'entreprises, d'administrations, d'organisations et de gouvernements pour qui les médias sont souvent de dangereuses engeances et les journalistes des « fouilles-merde », il est nécessaire de clarifier certains concepts.

La liberté de la presse

À l'origine, la grande motivation des propriétaires de presse était la liberté de la presse. Les gazettes publiaient des potins sur les grands de ce monde, qui n'appréciaient pas et qui n'hésitaient pas à envoyer des sbires pour casser les presses. Puis, vers la fin du XVIIIe siècle, elles ont commencé à diffuser des idées philosophiques nouvelles sur les droits, les libertés et la démocratie; ce que n'appréciaient pas non plus les gouvernements autocratiques qui envoyaient leur police briser les presses et emprisonner les journalistes. La liberté de presse était revendiquée comme une extension normale et nécessaire de la liberté de penser et d'exprimer sa pensée.

Note: les trois « S »

Le sensationnalisme est l'insistance à accorder un traitement préférentiel à tout ce qui touche au **sang** (accidents, tueries ou épidémies), au **sexe** (les amours des riches et célèbres, les histoires croustillantes ou les agressions sexuelles) et au **scandale** (que ce soit une mauvaise utilisation des fonds publics ou l'environnement). Tout le monde se sentant concerné chaque fois que la survie d'êtres humains est menacée, par le sexe qui, outre les plaisirs qu'il procure, conditionne la perpétuation de l'espèce et par la mauvaise utilisation du bien public qui conditionne notre bien-être, les médias sensationnalistes répondent à une tendance naturelle de l'homme à s'intéresser à tout ce qui touche à la survie individuelle et collective. Que ceux qui ne lisent pas les histoires de sang, de sexe et de scandale lèvent la main !

Avec la révolution industrielle et l'apparition des journaux à grand tirage, la liberté de la presse est devenue une liberté de commerce : la liberté de gagner de l'argent en vendant des informations au plus grand nombre de lecteurs possible. La presse de masse ayant donné naissance à la publicité, la liberté de la presse n'est plus maintenant que la liberté de gagner beaucoup d'argent, non plus en vendant des informations à des lecteurs mais en vendant le plus grand nombre possible de lecteurs, auditeurs et téléspectateurs à des annonceurs. Les tarifs publicitaires étant proportionnels aux tirages et aux cotes d'écoute, les patrons de presse ont une certaine propension à inciter leurs journalistes à trouver des primeurs (*scoops*) ou des sujets sensationnels. La liberté de presse est donc la liberté de publier – ou non – de la manière que l'on veut et quand on veut les informations que l'on veut, pourvu que cela rapporte financièrement ou... politiquement.

Le droit à l'information

L'expression *droit à l'information* était totalement inconnue il y a cinquante ans. C'est en 1946 que Paul-Louis Bret, directeur de l'agence France-Presse, a, pour la première fois, mentionné le « droit aux faits ». L'idée ayant fait son chemin, c'est l'Église catholique qui a véritablement proclamé le droit à l'information. Jean XXIII dans l'encyclique « *Pacem in Terris* », en 1963, affirme : « [...] le droit de tout être humain à une information objective ». Puis Paul VI déclare en 1964 : « Le droit à l'information est un droit universel, inviolable et inaltérable de l'homme [...]. » Avec l'aide du juriste québécois Guy Guérin, j'ai défini le droit à l'information en ces termes :

> *Le* **DROIT À L'INFORMATION** *est le droit fondamental de l'individu et de la collectivité de savoir ce qui se passe et de faire savoir ce qui se passe et que l'on a intérêt à connaître*[1].

1. Claude Jean DEVIRIEUX, *Manifeste pour la liberté de l'information*, Montréal, Éditions du Jour, 1971.

Si l'on dresse la liste des droits fondamentaux, le droit à la vie et le droit à l'information viennent ex æquo en tête. Il faut être en vie pour recevoir des informations et quand on ne peut plus en recevoir, à cause de l'âge ou de la maladie, on ne vit plus ! Les droits à la vie et à l'information sont suivis d'autres droits fondamentaux tels que le droit à la santé, à la sécurité de la personne, à une justice pleine et entière, à l'intimité et à la dignité, qui constituent des limites au droit à l'information.

Alors qu'il existe des milliers de personnes dont le savoir-faire doit être sanctionné par un diplôme et qui sont chargées de servir les droits à la vie, à la santé, à la sécurité ou à la justice, il n'y a en tout et pour tout au Québec qu'environ 2000 journalistes professionnels réguliers.

La liberté de l'information

L'exercice du droit à l'information exige que l'information soit libre de circuler, depuis le fait jusqu'au public, sans être retardée, déformée ou censurée d'une manière ou d'une autre. La liberté de l'information est le corollaire obligatoire du droit à l'information. Pour que l'information soit libre, il faut que les journalistes soient libres de pratiquer librement leur métier, ce qui n'est pas toujours le cas. Certains paient très cher leur engagement au service du droit à l'information. Sans compter ceux qui se font tuer sur les théâtres de guerre, chaque année, de 30 à 40 journalistes sont assassinés, plusieurs centaines se font mettre en prison et près de mille sont agressés ou menacés de sévices physiques.

▸ Il y a quelques années, le journaliste Michel Auger a reçu une décharge d'arme qui aurait pu être fatale parce qu'il faisait des recherches sur le club de motards Hell's Angels.

La *Déclaration universelle des droits de l'homme*, adoptée en 1948 par les Nations Unies, proclamait dans son article 19 : « Tout individu a droit à la liberté [...] de chercher, de recevoir et de répandre [...] les informations et les idées [...]. » Mais il ne s'agit là que de la liberté de la presse, qui ne garantit nullement que ces informations et ces idées correspondent aux faits et qu'elles seront effectivement répandues et reçues. La plupart des pays totalitaires reconnaissent la liberté de presse avec des journalistes qui cherchent et répandent des informations et un public qui les reçoit, mais dont l'authenticité ne peut être garantie.

▸ L'Allemagne nazie a toujours respecté le principe de la liberté de propriété des entreprises de presse afin de ne pas s'aliéner le grand capital allemand, le parti nazi s'en prévalant pour fonder et faire l'acquisition de nombreux médias qui diffusaient les informations qu'il voulait. Mais, dans les médias dits libres, les journalistes étaient tenus d'appartenir à une organisation professionnelle qui les contrôlait étroitement et dont étaient exclus les individus politiquement récalcitrants.

Le droit à l'information est reconnu par plusieurs États, notamment par les pays scandinaves, et par certains länder allemands ; les États-Unis interprètent le premier amendement de leur constitution comme la garantie du droit à l'information. Le Québec a inscrit en 1975 le droit à l'information dans sa Charte des droits et libertés. La plupart des autres pays (dont le Canada dans la constitution de 1982) se contentent de garantir la liberté de presse qui, j'insiste, est la liberté de publier – ou non – ce qu'on veut, quand on veut, de la manière que l'on veut, pourvu que cela rapporte économiquement ou politiquement.

3. LES PRATIQUES JOURNALISTIQUES

Les journalistes se considèrent comme les champions du droit à l'information et de la liberté de l'information. À remarquer que, hormis les juges d'enquête préliminaire et d'instruction, et les députés lors des périodes de questions dans les parlements, les journalistes sont les seuls individus ayant pour tâche de servir le droit à l'information.

> En mai 2002, le seul député de l'opposition à l'Assemblée législative de l'Île-du-Prince-Édouard, le chef du parti libéral provincial Ron MacKinley, était retenu chez lui par la maladie. Plus personne ne pouvant interpeller le gouvernement, le premier ministre Pat Binns, convaincu que le public avait droit à l'information, a demandé aux journalistes de poser les questions à la place de l'opposition.

Malheureusement, certains journalistes peuvent commettre des abus : informations publiées sans vérification des faits, événements déformés, grossis ou passés sous silence, titres accrocheurs ne correspondant pas au contenu de l'article, allusions malveillantes, commentaires partisans. Les organisations et les individus victimes de tels abus peuvent, selon les pays, faire appel aux codes d'éthique des associations professionnelles de journalistes, à la législation concernant la presse, voire aux tribunaux. Au Québec, la Fédération professionnelle des journalistes possède une charte et un guide déontologiques ; la plupart des syndicats de journalistes ont, dans leur convention collective, des clauses garantissant le droit du public à l'information ; enfin, le Conseil de presse du Québec est un tribunal d'honneur jugeant les manquements à l'éthique.

Les cinq « P » des journalistes

Une longue pratique m'incite à penser que les journalistes sont :

- *pressés :* la nouvelle n'attend pas et les médias ont des heures de tombée ;
- *paresseux :* comme tout le monde et, en plus, parfois, blasés et superficiels ;
- *prétentieux :* après une dizaine d'années de carrière, ils connaissent la société par cœur et ils sont bien conscients d'être les seuls à servir le droit à l'information ;
- *paranoïaques :* soupçonnant toujours leurs interlocuteurs de cacher la vérité ;
- *prédateurs :* s'il y a du scandale, du sang ou du sexe, ils attaquent.

Le journalisme, comme la prêtrise et la police, est une vocation. Les journalistes sont toujours à la recherche d'informations, ils ont un sens supplémentaire pour découvrir ce qui ne va pas et ils prendront tous les moyens pour obtenir l'information qu'ils désirent, y compris des moyens détournés, voire illicites (soudoyer des secrétaires, voler des documents, etc.).

▸ En 2004, une journaliste et une photographe du *Journal de Montréal* sont devenues membres de la secte de Raël dont elles ont suivi les activités pendant six mois afin de pouvoir ensuite décrire les croyances et rites du mouvement raëlien.

Le « *Off-the-record* » et la confidentialité n'existent pas : toute déclaration faite à un journaliste, même sous le sceau du secret, ou tout propos tenu devant un journaliste risque de se retrouver dans les médias. Enfin, toute nouvelle (en fait, toute communication quelle qu'elle soit) doit répondre à la *règle des cinq « W »* : *Who – What – When – Where – Why* – (*and How*). Un bon journaliste va chercher tant qu'il n'aura pas la réponse à ces cinq questions.

Les techniques d'entrevue des journalistes

Tant pour satisfaire les objectifs économiques de l'entreprise de presse que le droit du public à l'information, le journaliste va prendre le contrôle de l'entrevue et tenter de mettre l'interviewé en situation d'infériorité. Il va donc essayer ce qui suit.

- *Faire confirmer ou préciser une information* qu'il connaît déjà au moins partiellement : « Est-il vrai que vous allez réduire vos effectifs et de combien ? »
- *Obtenir un point de vue personnel* sur un sujet d'actualité : « Que pensez-vous de la nouvelle taxe sur tel produit ? »
- *Extorquer une réponse à des rumeurs, allégations ou accusations* vous concernant ou concernant votre organisation : « On vous accuse d'abus de biens sociaux.

Est-il vrai que vous avez fait rénover votre résidence secondaire par le service de maintenance de votre entreprise ? »

- *Trouver des informations qui pourraient constituer une nouvelle* mais dont il ignore encore tout : « Comment s'est passée la réduction du temps de travail chez vous ? »
- *Faire durer l'entrevue* jusqu'à ce que vous annonciez quelque chose d'intéressant, quitte à changer de sujet : « Parlez-moi encore de vos projets. Que faites-vous pour faire face à la mondialisation ? »

Un journaliste ne laissera jamais tomber une bonne nouvelle : il va l'approfondir, chercher les causes et les effets, faire des comparaisons avec des cas similaires passés ou survenant ailleurs. Même si les faits et vos arguments prouvent que la nouvelle n'est pas fondée, il va poursuivre en se lançant dans des hypothèses et des suppositions qui, à leur tour, deviendront des nouvelles. Pour parvenir à ses fins et profitant du fait que le public le connaît, l'apprécie, lui accorde de la crédibilité et de la sympathie, plutôt qu'au porte-parole qui est moins connu, voire inconnu, le journaliste va :

- *suggérer des réponses :* « Diriez-vous que le gouvernement a fait preuve de négligence ? » ;
- *flatter le porte-parole :* « Vous qui vous êtes déjà illustré dans une affaire semblable... » ;
- *rester dans le vague* pour inciter le porte-parole à donner des précisions ;
- *adopter un ton agressif* pour désarçonner son interlocuteur et lui arracher des aveux ;
- *commettre volontairement des erreurs* pour amener l'interviewé à les corriger ;
- *faire des affirmations et tirer des conclusions* au lieu de poser des questions ;
- *poser une question contenant une fausseté ou une exagération* en espérant que son interlocuteur ne la relèvera pas ;
- *aborder un sujet qui devait demeurer confidentiel.*

Le journaliste peut poser des questions…

- *ouvertes :* « Quelles sont les causes de cet accident ? » ; « Comment expliquez-vous cet accident ? » ; « Quel est votre avis sur ce type d'accident ? » ;
- *fermées :* « Les feux de signalisation étaient-ils défectueux ? » ; « Combien d'accidents de ce genre avez-vous eus au cours de l'année ? » ; « Combien de temps se passe-t-il entre le moment où on signale une défectuosité des feux et le moment où ils sont réparés ? » ;
- *reformulées :* « Vous venez de me dire que vous aviez fait telle ou telle chose, quand, où et avec qui ? » ;
- *affirmatives :* « Ainsi, vous êtes au bord de la faillite ! ? » ;
- *incitatives :* « Et puis ? » ; « Et alors ? » ; « Et puis, après ? » ;
- *optionnelles :* « Allez-vous fermer l'usine ou allez-vous chercher du financement ? ».

4. LA MÉDIATISATION

Devoir de communiquer

Les organisations, qu'il s'agisse d'entreprises à but lucratif, d'associations sans but lucratif ou, à plus forte raison, d'administrations publiques, les organisations ont une responsabilité sociale à laquelle elles ne peuvent plus échapper. Elles sont responsables de leurs actions, non seulement devant leurs actionnaires, leurs membres ou les autorités dont elles dépendent, mais aussi devant la population en général. C'est la population qui est la raison d'être des organisations. C'est elle qui consomme leurs produits et services, qui leur fournit de la main-d'œuvre et qui, par ses impôts, participe aux aides financières publiques dont elles bénéficient. C'est la population dont le bien-être dépend de la création d'emplois directs et indirects et, éventuellement, c'est elle dont l'environnement est altéré par les activités des organisations. Il y a une telle interdépendance entre les organisations et la population que celle-ci a le droit de savoir ce qui s'y passe.

Les activités des organisations, quelles qu'elles soient, sont d'intérêt public.

L'impossibilité de ne pas communiquer

Les organisations, tout comme les individus, ne peuvent pas ne pas communiquer. Quelle que soit l'envie des dirigeants de ne pas communiquer, les organisations ont une image publique. La population environnante en a une perception directe : cadre géographique, aspect des locaux, voies d'accès, mouvements du personnel et des véhicules, bruits et odeurs. Le public a une perception indirecte de l'image des organisations par les rumeurs créées par l'absence de communications officielles, rumeurs nées des préjugés, craintes, haines et phobies ou colportées par les employés, fournisseurs, clients et concurrents. La population peut se faire une idée de l'image des organisations par les attitudes, apparitions et déclarations publiques des dirigeants et par ce qu'en rapportent les médias.

L'intérêt de communiquer

Les organisations ont intérêt à communiquer. Les populations sont plus conscientes de leurs droits et elles les revendiquent : les mouvements de revendications sociales se multiplient. Les lois et les règlements sont plus nombreux et plus stricts qu'auparavant. Les gouvernements se montrent plus sévères et se sont dotés de moyens pour contrôler les organisations : chose impensable il y a dix ans, les nombreuses poursuites judiciaires contre des entreprises et leurs dirigeants. Les médias sont plus « agressifs », mieux équipés, plus indépendants par rapport à ceux qui détiennent le pouvoir et ils sont à l'affût de tout ce qui peut servir le droit du public à l'information et, en même temps, servir leurs intérêts économiques. Les organisations ont le choix entre plusieurs stratégies de communication.

- *Inexistante ou partielle = difficultés* (La société française ALSTOM ne publiait jamais de résultats trimestriels. La Securities Exchange Commission américaine l'a obligée à le faire. Résultat : le 19 août 2002, l'action ALSTOM a chuté de 30 %.) ;
- *Mensongère = catastrophe* (Les dirigeants de la compagnie américaine Enron ont été condamnés par les tribunaux.) ;
- *Ouverte = confiance et respect.*

Qu'elle soit volontaire et spontanée, produite par l'insistance de la population ou à la demande des médias, la transparence passe par la communication médiatique.

Les journalistes vont tirer parti de toutes les sources d'information disponibles. De moins en moins vont-ils se satisfaire des informations officielles émises par la direction des organisations. Ils entretiennent même une méfiance grandissante à l'égard des directeurs des communications et cherchent de plus en plus et parviennent à se renseigner à la source. D'ailleurs, la nouvelle philosophie de gestion des organisations facilite le travail des journalistes. Si, pour favoriser le sentiment d'appartenance et la responsabilisation des employés, on améliore les communications internes, si l'on pratique une politique de transparence à l'égard du personnel, on multiplie les possibilités de fuites auprès des médias.

▸ Au cours de l'automne 2000, le ministère de la Santé du Canada affirmait officiellement que les hormones de croissance n'étaient pas tolérées dans les élevages bovins au pays et que des contrôles stricts étaient effectués. Il s'est trouvé un employé de ce ministère pour informer les médias que, d'une part, l'équipement dont il dispose n'était pas assez sensible et que, d'autre part, cet équipement était défectueux depuis six mois et n'avait pas été remplacé !

L'image publique d'une organisation est dépendante de la médiatisation.

Les organisations ont toutes, maintenant, un site Internet ou sont répertoriées dans des catalogues ou des bottins accessibles par Internet. On peut y trouver les noms et les coordonnées de tous les dirigeants jusqu'au niveau de chef de département. C'est un jeu pour les journalistes de passer par-dessus le directeur ou la directrice des communications et d'aller se renseigner à la source. Il est devenu indispensable que tous les membres de la direction – et non plus seulement le grand patron – sachent en toutes circonstances **QUOI DIRE** et **COMMENT LE DIRE.**

5. LES RELATIONS MÉDIATIQUES

La communication média a ceci de particulier qu'elle est en même temps une communication interpersonnelle entre le porte-parole d'une organisation et un journaliste et une prise de parole publique de ce porte-parole par l'intermédiaire d'un média.

5.1. LE *MODUS VIVENDI* MÉDIATIQUE

Les dirigeants d'organisations entretiennent souvent à l'égard des médias et de leurs journalistes une méfiance instinctive. Que des journalistes viennent enquêter sur les affaires internes des organisations leur déplaît souverainement. Quand ils en rencontrent, à l'occasion de conférences de presse ou de reportages sur des crises, ils sont scandalisés de constater que les comptes rendus journalistiques n'épousent pas leurs intérêts. Ils considèrent donc les médias et les journalistes comme hostiles, sinon comme des adversaires déclarés. Sauf que, dans la majorité des cas, cette conférence de presse ou cette crise était la première occasion de contact entre ces dirigeants et la presse. La seule façon de modifier ce sentiment de méfiance et d'hostilité, souvent réciproque d'ailleurs, est d'établir une manière de vivre ensemble ; c'est le *modus vivendi* médiatique, première étape de la préparation intellectuelle :

- dresser la liste de tous les *médias* de la région (y compris les médias locaux et spécialisés) ;
- rencontrer les *chefs de rédaction* et leurs journalistes (en allant visiter les salles de rédaction ou les studios ou en les invitant à visiter les locaux de l'organisation) ;
- alimenter les médias en *documentation* et en *nouvelles* sur l'organisation (certains médias manquent souvent de sujets et seraient heureux de publier ces informations) ;
- faire la recension de tous les *articles et reportages* consacrés au secteur d'activité de l'organisation concernée.

Il ne s'agit pas de chercher à influencer indûment les journalistes en faveur de l'organisation ; on risquerait de réveiller leur côté paranoïaque. Il s'agit simplement d'établir une relation basée sur la connaissance et le respect de l'autre. Cela peut éviter des erreurs journalistiques, des malentendus, des partis pris préjudiciables à l'image publique de l'organisation.

5.2. LA NÉGOCIATION JOURNALISTIQUE

On doit toujours négocier avant de répondre aux questions d'un journaliste. Il faut connaître :

- l'identité du journaliste et le nom du média pour lequel il travaille ;
- le public visé (on ne parle pas de la même façon aux auditeurs d'une radio étudiante et aux lecteurs d'une revue professionnelle) ;
- le sujet de l'entrevue et l'angle sous lequel le journaliste veut le traiter ;
- la date de diffusion, la liste des autres participants, le lieu et l'heure de la rencontre, ce que le journaliste sait déjà du sujet et qui l'a renseigné.

Ne demandez jamais la liste des questions. Seuls les chefs d'État le font et, encore, pas tous. Demander la liste des questions va réveiller le paranoïaque qui dort et le journaliste considérera la requête comme un moyen pour le porte-parole de se réserver la possibilité de ne pas répondre à certaines questions, donc d'exercer une forme de censure.

La négociation a pour but d'imposer un délai raisonnable afin de vous permettre de vous préparer intellectuellement. Comme pour toutes les autres formes de communication, ce n'est pas parce que vous connaissez votre sujet que vous saurez en parler de façon efficace. Ne dites pas au journaliste: «Je ne peux pas vous parler maintenant parce qu'il faut que je me prépare», vous allez éveiller sa suspicion. Dites-lui: «Je serai heureux de répondre à vos questions mais je ne peux pas le faire maintenant car nous sommes en conférence» ou quelque chose du genre, pourvu que ce soit *un prétexte plausible et vérifiable*. Si le journaliste insiste et demande avec qui vous conférez et sur quoi, soyez poli mais ferme: «Je vous rappellerai dans dix minutes (dans une heure ou demain); promis!», pourvu que ce délai respecte les heures de tombée du média concerné. Le journaliste n'a pas d'autre choix que de vous accorder ce délai car il a besoin de vous: vous êtes sa matière première.

▸ Une entreprise produisant du bois traité contre la pourriture est accusée par la population environnante de laisser dégager des vapeurs de créosote nauséabondes et toxiques. Répondant sur-le-champ à un journaliste qui avait obtenu son numéro personnel, le directeur de l'usine déclare: «Ces vapeurs ne sont pas toxiques, les analyses chimiques que nous avons fait faire sont là pour le prouver. D'ailleurs, nos ouvriers qui travaillent ici depuis dix ou vingt ans n'ont jamais été incommodés. Enfin, quand nous avons construit l'usine, l'endroit était désert et ce n'est pas de notre faute si vous êtes venus bâtir vos maisons dans le voisinage immédiat.» Au lieu de calmer les esprits, cette déclaration a provoqué un véritable tollé avec création d'un comité de citoyens, marche de protestation, etc. Pourquoi ? Parce que ce directeur, n'ayant pas pris le temps de se préparer, a répondu ce qui lui paraissait être dans son intérêt, confondant QUI et À QUI. Il n'a pas pris en compte les intérêts, les attentes, les espoirs et les préjugés de la population.

Si dans le délai prévu, vous n'êtes pas prêt à rencontrer le journaliste, rappelez-le à l'heure dite pour négocier un autre délai. Ne faites pas traîner les choses en longueur; le journaliste risque d'affirmer dans un sous-titre : « La société XYZ n'est pas pressée de répondre ! ... Mutisme total chez XYZ ! ... Consigne du silence chez XYZ ! » *Vous devez respecter votre engagement.*

5.3. LA COMPOSITION DU MESSAGE : QUOI DIRE

La méthode de préparation est, en gros, la même que pour la communication interpersonnelle ou la prise de parole publique. Le lecteur voudra bien excuser les répétitions, mais il nous paraît utile d'insister.

Bien délimiter le sujet

Il s'agit de délimiter les différents aspects du sujet et les différents angles sous lesquels on peut en parler.

Fixer son ou ses objectifs

Dans tous les cas de communication média, l'objectif ultime est de préserver ou de rehausser *l'image publique* de l'organisation. Dans l'exemple cité plus haut des vapeurs de créosote, l'objectif secondaire, considérant les craintes et l'humeur de la population, devrait être de la rassurer, de l'amener à comprendre la situation et à composer avec elle.

Bâtir un argumentaire

Il faut pratiquer la méthode du remue-méninges. Dans un premier temps, établir la liste des arguments *pour*, en tenant compte des intérêts, besoins et attentes du ou des récepteurs.

Argumentaire composé pour une entreprise de bois traité

1. Nous comprenons fort bien les inquiétudes de nos voisins et nous compatissons.
2. Nous les invitons à former un comité tripartite composé de représentants des citoyens, de la direction de l'entreprise et des élus locaux pour examiner la situation. Ce comité pourrait faire confirmer les résultats de nos analyses par un laboratoire indépendant choisi par lui.
3. À telle date, nous organiserons une journée « portes ouvertes » afin que la population puisse visiter nos installations et constater les efforts que nous faisons déjà pour éliminer les émissions de vapeurs.
4. Sans attendre les résultats des diverses études et analyses, nous étudions les moyens d'améliorer nos techniques de captage et de neutralisation des vapeurs.
5. Nous avons la ferme volonté de maintenir notre usine en place et, avec nos 200 emplois, de continuer à opérer dans l'harmonie avec le voisinage et de contribuer à la vie économique de la région.

Dans un deuxième temps, dresser la liste des arguments **contre** invoqués par tous ceux qui doutent ou sont opposés, arguments qui se retrouveront certainement dans les questions du journaliste et auxquels il faut des réponses.

Suite de l'exemple

1. **Vous n'avez jamais tenu compte de nos protestations:** « Bien avant que la population ne s'inquiète, nous avions mis en place un dispositif de captage des vapeurs comme la Loi sur la protection de l'environnement nous y oblige. »
2. **Les résultats des analyses chimiques commanditées par vous ne sont pas crédibles, puisque c'est votre société qui payait:** « Il s'agissait d'un laboratoire recommandé et supervisé par le ministère de l'Environnement. Toutefois, pour éliminer toute incertitude, nous demandons au comité tripartite de choisir lui-même un laboratoire indépendant. »

3. **Vos ouvriers ne se sont jamais plaints d'être incommodés par les vapeurs car ils ont peur de perdre leur emploi :** « Le comité de santé et sécurité du syndicat de nos employés est extrêmement vigilant et militant ; il a déjà déposé des plaintes mais jamais concernant les vapeurs. Vous avez toute liberté pour interviewer ses dirigeants. »
4. **Le fait demeure que des gens habitant dans le voisinage de l'usine souffrent de troubles respiratoires :** « Nous sommes d'accord avec vous : neuf personnes dans un rayon de x kilomètres se plaignent de troubles respiratoires sur une population de x milliers d'habitants. Ce sera justement au comité tripartite, en association avec les autorités sanitaires de la région, de déterminer la cause de ces affections. »
5. **Vous vous êtes toujours moqués de la population qui vit autour de votre usine :** « C'est parmi cette population que se recrutent 90 % de nos employés. Presque tous nos dirigeants habitent dans le quartier. C'est notre société qui patronne telle ou telle œuvre sociale. »

Le porte-parole de l'organisation ne doit jamais être pris au dépourvu et doit toujours savoir quoi répondre. On l'a vu, l'objectif du journaliste est à la fois le droit de la population à l'information et les impératifs commerciaux de son entreprise de presse. L'objectif ultime du porte-parole, pour sa part, est de maintenir, préserver et rehausser l'image publique de son organisation. Ces deux objectifs sont difficilement conciliables.

Trouver le message principal et dresser un plan

Le message principal est la conclusion de la suite de vos arguments disposés de façon syllogistique.

‣ Dans l'argumentaire ci-dessus, le message principal était : « Nous voulons continuer à opérer en harmonie avec nos voisins et dans le meilleur intérêt économique de la région. »

Le plan suivra vraisemblablement la suite syllogistique de vos arguments. Mais, selon l'effet recherché et la tournure que prendra l'entrevue, vous pouvez inverser l'ordre et commencer par l'argument le plus précis et le plus percutant pour finir avec celui ayant une portée plus générale ; vous pouvez aussi encadrer deux arguments de poids par deux plus légers.

5.4. L'ENTREVUE MÉDIATIQUE

Vous avez préparé un bon argumentaire, dressé un plan mettant en valeur vos arguments principaux, rédigé plusieurs formules de votre message principal résumant votre position et prévu tous les contre-arguments possibles et imaginables afin de pouvoir répondre à toutes les objections. Le moment de l'entrevue est arrivé.

Le poignet

Microphone à la main, le reporter interroge le porte-parole debout sur les lieux de l'événement. C'est habituellement une entrevue courte dont on retrouvera de brefs extraits dans un reportage diffusé dans le journal télévisé. Les porte-parole sont toujours offusqués de constater qu'après avoir été interviewés pendant deux ou trois minutes, ils ne retrouvent dans le reportage que des bribes de 15 ou 20 secondes et, encore, pas les extraits qu'ils auraient voulu voir ! Toutefois, l'entrevue peut passer en direct et au complet sur les chaînes d'information continue.

Plateau

Le porte-parole est invité en studio pour une entrevue assise de longue durée. Sont assimilées à des « plateaux » les entrevues faites par les journalistes de la radio en studio ou par téléphone ou de la presse écrite dans un bureau ou dans un restaurant. Certaines émissions de radio ou de télévision peuvent comporter plusieurs invités défendant des points de vue opposés ou faire intervenir des auditeurs ou des téléspectateurs par téléphone.

La rencontre de presse

Prendre l'initiative de rencontrer les représentants de différents médias ou un journaliste en tête à tête, que ce soit lors d'un déjeuner ou d'une visite, est sans doute le meilleur moyen d'établir le *modus vivendi* médiatique. On en profitera pour faire connaissance, prendre acte de l'attitude du média, de son orientation, de ses ressources et moyens. En contrepartie, on donnera un aperçu de la mission et des activités de l'organisation, de ses réalisations passées et de ses projets. Le temps venu, que l'organisation ait besoin des médias pour annoncer une nouvelle ou que les médias cherchent à obtenir de l'information concernant l'organisation, on pourra profiter de ces relations basées sur la confiance et le respect mutuels.

Le point de presse (*briefing*)

Quand un événement important et complexe mérite une étude en profondeur, le point de presse est presque une obligation (lors de la publication de son budget annuel, le gouvernement invite les journalistes à en prendre connaissance avant sa présentation aux députés, habituellement avec la participation de spécialistes du ministère des Finances et à huis clos afin d'éviter les possibilités de fuite). De même, les organisations trouveront utile d'inviter les représentants des médias pour leur donner, de façon officieuse, le contexte, les antécédents, les causes lointaines, les raisons profondes, les tenants et aboutissants de tel événement à venir (ou passé et mal compris).

La mêlée de presse (*scrum*)[2]

Des négociations sont en cours, l'assemblée ou le tribunal suspend sa séance, un porte-parole sort pour parler aux médias; les journalistes se précipitent en meute pour recueillir des bribes d'information afin d'alimenter les dernières éditions de leurs journaux. Ou bien les journalistes se mettent à

2. Le *scrum* est un terme tiré du vocabulaire du rugby européen ou du football nord-américain et qui signifie « mêlée ».

l'affût à la sortie de l'établissement où se déroule l'événement et se ruent sur le premier participant qui sort; à lui de faire face et de se débrouiller. La mêlée de presse se déroule souvent dans un certain désordre. Chaque journaliste tente de poser sa question et enregistre toutes les réponses. Une ministre du gouvernement du Québec, nouvelle venue en politique, me demandait un jour: «Mais que dois-je faire quand les journalistes m'assaillent à la sortie de l'Assemblée nationale dans le corridor qui mène à mon bureau?» C'est bien simple: quand on est ministre, il faut s'attendre à être interviewé n'importe quand, à plus forte raison à l'issue d'un débat important. Il faut donc, avant de quitter son siège, préparer un argumentaire solide.

La conférence de presse

La conférence de presse est une rencontre officielle entre le porte-parole de l'organisation (habituellement le principal dirigeant) et les représentants des médias. C'est à la fois une prise de parole publique et une communication médiatique. Elle permet d'annoncer une grosse nouvelle, de faire connaître sa position sur un sujet important, de publier une mise au point ou un démenti, de donner des explications, d'établir les tenants et aboutissants, de dresser un bilan de manière plus officielle et plus en profondeur que lors d'une rencontre, d'un point ou d'une mêlée de presse et d'assurer une publication simultanée dans tous les médias, donc d'avoir un plus grand impact sur le public. Elle offre aussi à l'organisation la possibilité de rappeler quelles sont sa mission et ses activités en mettant des documents appropriés à la disposition des journalistes.

La conférence de presse ne doit se tenir que si l'événement en vaut la peine. Les journalistes seront déçus si la nouvelle ne justifie pas leur déplacement et aurait aussi bien pu être annoncée par un simple communiqué. Par ailleurs, les questions tous azimuts et une préparation inadéquate risquent d'entraîner le porte-parole hors de l'argumentaire initialement prévu. Si l'enjeu est très important, il est recommandé de procéder à une répétition.

Il est indispensable de rédiger un communiqué de presse résumant la nouvelle pour distribution aux journalistes présents et envoi aux médias non représentés, de mettre à leur disposition des documents d'accompagnement (mémoires, photos, graphiques, etc.). Le porte-parole principal peut désigner des assesseurs à qui il donnera la parole pour les questions relevant de leur compétence directe. Un animateur veillera à ce que le tout se déroule dans l'ordre, présentera les porte-parole, donnera la parole aux journalistes à tour de rôle et, le moment opportun, mettra un terme à la période de questions. Après la conférence de presse, les journalistes demanderont des entrevues avec l'un ou l'autre des porte-parole en particulier.

On veillera à fixer une date et une heure respectant les dates et heures de tombée des médias et n'entrant pas en concurrence avec un autre événement important. On choisira un lieu facile d'accès, une salle suffisamment vaste et bien éclairée, pourvue d'une table pour le conférencier et de chaises pour les journalistes, d'un équipement pour les aides visuelles (tableaux, écran, etc.) et, éventuellement, d'eau et de café. Lors des crises majeures et qui durent (prise d'otages, agonie d'une personnalité, catastrophe naturelle, etc.), les journalistes vont camper sur place. Il faudra donc prévoir les locaux, l'équipement et l'approvisionnement en conséquence. Et, surtout, un porte-parole compétent et aguerri, disponible, si possible toujours le même, qui transmettra les informations au fur et à mesure aux journalistes.

L'information spectacle

Dans leurs efforts incessants pour augmenter leurs cotes d'écoute, les chaînes de radio et de télévision produisent de plus en plus des émissions qui sont à mi-chemin entre l'information et le spectacle. Information, car l'invité principal est souvent le dirigeant d'une organisation qui a fait récemment l'actualité. Spectacle, car l'émission elle-même en est un, l'invité en étant le principal acteur. On en distingue deux types.

Les émissions de « Mise en accusation »

Ces émissions portent en général sur des sujets à controverse ou soulevant les passions. L'animateur somme le porte-parole de l'organisation impliquée de s'expliquer, lui pose des questions insidieuses et brutales, le poussant dans ses derniers retranchements, l'accusant, le contredisant et, parfois, l'invectivant. Souvent, les auditeurs ou les téléspectateurs sont invités à téléphoner pour interroger le porte-parole ou commenter. Les cotes d'écoute sont très fortes. Pour sortir gagnant de ce genre d'affrontement, il faut des qualités exceptionnelles de communicateur et une préparation intellectuelle et comportementale des plus rigoureuses. Le refus de participer est parfois moins dommageable que le spectacle de ce passage à tabac médiatique.

Les émissions de « Faire-valoir »

Ce sont des émissions de variétés de style « Tout le monde il est beau, tout le monde il est gentil ». On fait raconter à l'invité ses jeunes années, les moments passionnants de sa carrière, on lui présente ses artistes favoris et tout le monde bavarde aimablement. Les dirigeants qui se bousculent pour participer à ces émissions devraient se méfier : il y a d'abord le risque de se rendre légèrement ridicule quand on ne donne pas habituellement dans la légèreté ; ensuite, la conversation peut glisser sur un sujet controversé que l'on maîtrisera mal et l'encensement cédera le pas à la discussion critique. C'est pourquoi une bonne préparation intellectuelle et comportementale est conseillée.

▸ Dans une célèbre émission de télé française, l'animateur a posé comme première question à une actrice de cinéma : « Pratiquez-vous toujours la masturbation nocturne ? » La pauvre, des années auparavant, alors qu'elle était au conservatoire d'art dramatique, avait confié à un journal étudiant qu'elle se satisfaisait elle-même et n'avait pas besoin de s'encombrer d'un petit ami. Sauf que cet animateur avait de bons recherchistes !

6. LA LIVRAISON DU MESSAGE

L'entrevue médiatique a un caractère paradoxal. Bien que ce soit le journaliste qui vous pose des questions et à qui vous répondez, ce n'est pas à lui que vous vous adressez. Le journaliste n'est qu'un intermédiaire. À la limite, il pourrait ne pas être là : dans les journaux radiodiffusés et télévisés, on élimine très souvent les questions lors du montage. Vous, en qualité de porte-parole, vous vous adressez au grand public ou à un public particulier et vous avez défini vos objectifs et préparé votre argumentaire en tenant compte de ses intérêts, attentes, espoirs, besoins, connaissance du sujet, préjugés. Malheureusement, vous n'avez aucun moyen de percevoir les réactions de ce public. Vous ne pouvez donc pas adapter vos propos ni la manière dont vous les émettez, comme vous le feriez devant un auditoire vivant.

Dans la communication sans feed-back, les seuls critères d'interprétation et de jugement du message sont internes au récepteur.

Par conséquent, les auditeurs et téléspectateurs vont d'abord vous juger en fonction de ce qu'ils sont, donc de leur contexte psychosocial (opinions politiques, état psychique, niveau intellectuel, culture, etc.) et de leur situation du moment, donc de leur contexte circonstanciel (santé ou maladie, difficultés financières, bruit ambiant, etc.). Ils seront beaucoup moins impressionnés par le contenu de votre message que par la manière dont vous le livrez. En communication médiatique, comme dans les autres formes de communication, c'est l'équation de Mehrabian qui s'applique :

Impact d'un message audiovisuel = 100 %	
Le contenu	7 %
Le verbal	38 %
Le non-verbal	55 %

Étant le porte-parole de l'organisation XYZ, vous êtes aux yeux du public monsieur ou madame XYZ. Les auditeurs et les téléspectateurs vont juger votre organisation en fonction de ce que vous paraissez. Or, nous n'avons qu'une idée imprécise de nous-même. Nous ne savons pas l'effet que produit notre voix, car nous la percevons déformée par la conduction interne; nous n'avons qu'une idée imparfaite de notre physionomie, que nous avons l'habitude de voir inversée dans le miroir de la salle de bain; nous n'avons pas conscience de nos expressions faciales, de nos gestes, de nos attitudes corporelles, de nos tics verbaux.

6.1. LES COMPORTEMENTS FACILITATEURS

Tout détail dans les comportements qui risque d'attirer l'attention le fait au détriment du contenu. On recommande donc:

- *Des vêtements sobres, adaptés aux circonstances et bien ajustés.* Attention aux chemises qui sortent, aux jupes trop courtes, aux chaussettes qui tombent sur les chevilles, aux décolletés affriolants, aux braguettes ouvertes (mais oui, cela s'est vu !). La veste du costume ou du tailleur se boutonne en position debout, mais se déboutonne en position assise pour ne pas bâiller autour du col.

> ▸ En décembre 1999, à la suite du naufrage du pétrolier *Erika* au large de la Bretagne, le premier ministre de France Lionel Jospin a inspecté les plages polluées de Bretagne en costume-cravate et souliers vernis. Comme il ne voulait pas se salir, il s'est fait porter par deux hommes forts qui, eux, étaient en ciré jaune et en bottes de caoutchouc. La scène a bien fait rire.

- *Une coiffure et une parure discrètes*. De même, attention aux cheveux ébouriffés, aux cravates mal centrées, aux pendants d'oreilles extravagants, aux chevalières de gigolo, aux grandes écharpes écarlates, etc.

- *Des postures équilibrées et confortables.* Pour éviter de donner une impression d'instabilité, tenez-vous le corps droit, bien campé sur les deux pieds : ne vous dandinez pas ; ou encore assis sur les deux fesses et non pas en porte-à-faux sur une seule. En position debout : restez face à la caméra et non de biais, prêt à filer. En position assise : attention aux jambes écartées style buveur de bière, aux genoux croisés trop haut style vamp et au corps engoncé ou enfoncé dans un fauteuil trop moelleux.

N'hésitez pas à demander l'avis du journaliste, du réalisateur et du technicien : ils devraient normalement être capables de vous aider à vérifier si vous êtes bien assis, si vos vêtements ne bâillent pas, si vos cheveux sont bien coiffés. Exigez qu'on change votre siège s'il est inconfortable, qu'on vous laisse le temps de vous donner un coup de peigne et de rectifier votre tenue. On recommande aussi :

- *Des gestes et des expressions faciales appropriés.* Faites avec les deux mains les gestes qui illustrent et renforcent naturellement et sans excès le message. Bannir les bras croisés, les mains dans le dos qui sont des attitudes de refus ou de fuite, les mains serrées ensemble ou étreignant les accoudoirs qui trahissent la nervosité. Dans les mêlées de presse, les journalistes serrent parfois le porte-parole de trop près, l'empêchant de faire des gestes : prenez votre place, lorsque vous aurez heurté deux ou trois micros les journalistes vont se reculer. Cultivez le sourire, qui est le meilleur moyen de désarmer l'intervieweur hostile, de désamorcer une question piège, d'alléger une atmosphère tendue, de faire partager une bonne nouvelle, d'en faire passer une mauvaise et de manifester son plaisir de bien informer le public en lui disant la vérité.
- *Le contact visuel constant avec le journaliste*. Par un accord social tacite, le journaliste est le délégué du public et on s'attend naturellement à ce que vous le regardiez, comme on le fait dans la vie normale. Regarder la caméra fait artificiel sauf si, seul en studio, vous êtes en

duplex ou faites une déclaration solennelle s'adressant directement aux téléspectateurs. Regarder sur le côté est un geste d'évitement. Fermer les yeux, regarder vos souliers ou le plafond vous donne l'air d'avoir envie d'être ailleurs ou de parler pour vous-même.

Note

Pour tout ce qui concerne la voix, le contrôle du trac et des affects, le sourire ainsi que le comportement, veuillez vous reporter à la deuxième partie, Communication interpersonnelle, et à la section Prise de parole publique.

Pour convaincre, il faut être convaincant et pour être convaincant, il faut être convaincu.

6.2. LES RÉPONSES CONVAINCANTES

En tant que porte-parole de l'organisation XYZ, vous avez été mandaté pour porter à la connaissance du public un message donné et votre mission est de vous en tenir à cet argumentaire. Vous avez l'obligation morale de propager cette information, toute cette information et rien que cette information.

La plupart des auditeurs et des téléspectateurs ne sont pas intéressés directement ni personnellement par vos propos; ils ont des soucis plus immédiats. On estime que l'auditoire moyen a une capacité d'attention, de compréhension, d'assimilation et de rétention équivalente à celle d'un adolescent de 14 à 16 ans. C'est à vous de vous mettre au niveau de cet auditoire moyen. Par ailleurs, le public a plus tendance à accorder de la crédibilité au journaliste, qui est connu et parfois jouit d'une grande notoriété, alors qu'il ne vous entend et ne vous voit que rarement, peut-être même pour la première fois. Il ne peut donc pas vous accorder une crédibilité entière et spontanée, d'autant plus que Mme et M. Tout-le-monde entretiennent volontiers des préjugés envers les organisations, surtout si elles sont puissantes.

Répondre à toutes les questions

Depuis notre venue au monde, nous avons tous été conditionnés à répondre : aux parents, aux enseignants, au patron, aux autorités. Cependant, en tant que porte-parole, vous n'avez pas été mandaté pour répondre passivement à toutes les questions que le journaliste jugera appropriées, mais pour diffuser officiellement une information donnée.

Cela dit, jamais de « *No comment !* » ou de « Je ne répondrai pas à cette question ! ». Si vous ne répondez pas, vous indiquez au public que vous avez quelque chose à cacher, donc que vous êtes responsable, voire coupable de quelque chose. Accessoirement, vous indisposez le journaliste, qui risque de devenir agressif. Donc, paradoxalement, *il faut répondre à toutes les questions, même à celles auxquelles vous ne devez pas répondre et même à celles auxquelles vous ne pouvez pas répondre.* Mais il y a la manière…

Dire toujours la vérité

Dire la vérité est une obligation morale car, ainsi que nous l'exposions plus haut, les organisations ont des responsabilités sociales auxquelles elles ne peuvent plus se soustraire. C'est aussi une obligation quasi légale, puisque le public a droit à l'information. Enfin, dire la vérité est une obligation pratique pour plusieurs raisons.

- *Le mensonge se voit.* Le syndrome de Pinocchio correspond à une réalité psychosociale : le nez ne s'allonge pas mais, sauf chez les grands comédiens, le regard se voile et devient fuyant, l'élocution devient hésitante, le ton devient évasif et les téléspectateurs, qui perçoivent ces signaux faibles, en conçoivent des doutes.

- *Le mensonge finit toujours par être découvert.* Au Canada, le « scandale des commandites » en est la preuve irréfutable. De même, la série de révélations concernant les « affaires » aux États-Unis et en France au cours des dernières années.
- *Le mensonge fait toujours mal quand il est découvert.* Le nombre impressionnant de personnalités ayant eu et ayant encore des démêlés avec les tribunaux est également une preuve irréfutable.

▸ Après les attentats du 11 mars 2004 à Madrid, le gouvernement espagnol tente de faire croire que les auteurs de cette tuerie sont des membres de l'organisation terroriste basque ETA, alors que tout, depuis le style des attentats jusqu'aux premiers résultats de l'enquête policière, désigne des adeptes du mouvement islamiste Al Qaïda. Le premier ministre, José Maria Aznar, va même jusqu'à téléphoner personnellement aux chefs de rédaction des principaux médias madrilènes pour tenter de les convaincre. De même, sa ministre des Affaires étrangères envoie des directives aux ambassadeurs d'Espagne leur enjoignant de privilégier la piste basque. Furieux de s'être fait manipuler, les électeurs renversent le gouvernement Aznar aux élections générales du dimanche suivant.

Taux de perception du mensonge ou de l'erreur dans les médias[3]

Télévision	52 %
Presse écrite	64 %
Radio	73 %

C'est à la radio que le mensonge ou l'erreur sont les plus perceptibles. L'émetteur, rappelons-le, lit ou parle à raison de 150 mots à la minute; l'auditeur pense

3. Richard WISEMAN (1995), cité par Jean-Claude GUILLEBAUD, *Écoutez voir*, Paris, Arléa, 1996.

450 mots à la minute, ce qui lui donne le temps de prendre du recul, de percevoir les signaux faibles et d'exercer son esprit critique.

Éluder les questions auxquelles on ne peut ou on ne doit pas répondre

Si vous ne devez pas ou ne pouvez pas répondre, *il faut répondre quand même en justifiant le refus de donner l'information et en précisant les raisons du refus.*

- Le *sub judice,* qui ne permet pas, sous peine de poursuites pour outrage au tribunal, de commenter les causes pendantes devant les tribunaux afin de ne pas influencer le processus judiciaire.
- Les secrets d'État, les secrets de fabrication, la teneur de négociations en cours sans l'accord des parties, les noms des personnes ou des organisations candidates à un concours, le montant et les conditions d'une transaction non terminée, les informations qui donneraient des armes à vos concurrents, l'identité des victimes tant que les familles ne sont pas prévenues, le lieu où se cache une personnalité ayant fait l'objet de menaces de mort, etc.
- Les informations que l'on ignore ou que l'on ne connaît que partiellement (surtout ne pas inventer pour faire bonne figure !) et les informations qui ne sont pas de votre ressort (renvoyez à l'autorité compétente).
- Les hypothèses, suppositions et spéculations (revenez aux faits).
- Les jugements de valeur et les opinions personnelles (laissez le public tirer ses propres conclusions).
- Enfin, toutes les questions qui sortent du sujet initialement négocié (à moins que cela ne fasse votre affaire de changer de sujet !).

Faire des réponses brèves mais complètes

Méfiez-vous des réponses trop longues dans lesquelles vous allez vous perdre vous-même, le sujet étant trop loin des compléments. Les téléspectateurs n'y comprendront goutte et changeront de chaîne; le journaliste risque aussi de vous couper avant la fin de la réponse. D'ailleurs, plus on parle, plus on augmente le risque de dépasser sa pensée et d'en dire plus qu'il n'aurait fallu. À ce sujet, ne débitez pas d'un trait tout votre argumentaire; après votre premier argument, attendez la question.

Par contre, ne faites pas des réponses trop brèves. Au bout d'un moment, le journaliste aura épuisé les questions préparées d'avance et, pour tenir le temps, il sortira du sujet. De leur côté, les téléspectateurs vont se demander si ces réponses trop brèves ne cachent pas votre mauvaise volonté à les informer et ils vous en voudront. Il faut qualifier les « Oui ! » ou les « Non ! » en faisant des phrases complètes.

Vulgariser au maximum

Parce que votre objectif est d'informer, de convaincre, donc d'être compris, et pour éviter la perte d'intérêt et le changement de canaux (*zapping*) : vulgarisez !

- *Éviter les jargons professionnels.* Le public, venant de tous les milieux et ne portant qu'une attention moyenne à vos déclarations, est incapable de comprendre les termes techniques ou le langage abstrait des gestionnaires et technocrates. Trouvez les mots que vous utiliseriez si vous vous adressiez à un auditoire d'adolescents.

- *Traduire les sigles et les abréviations.* Tout le monde connaît l'ONU, l'OTAN et quelques autres sigles et acronymes, mais hormis les plus courants, donnez le nom au complet si vous voulez être compris par un maximum de gens.

- *Réduire le nombre de chiffres et de statistiques.* L'auditeur et le téléspectateur moyens commencent à avoir de la difficulté à suivre après trois chiffres en une minute. Au demeurant, personne ne sait vraiment ce que représentent 0,003 ppm. Arrondissez les nombres à la centaine ou au millier ou au million près; 194 deviendra «près de 200», 5132 deviendra «plus de 5000».
- *Employer des images et des formules qui frappent.* Remplacez les chiffres et les statistiques par des comparaisons imagées. «On évalue à 200 tonnes la quantité de mazout répandue» deviendra «l'équivalent de 10 camions-citernes». Trouvez des analogies qui, sans démagogie, permettront une compréhension immédiate: «C'est nager à contre-courant... C'est changer une piastre pour quatre trente sous.»
- *Rechercher les termes et les exemples concrets.* Les administrateurs et gestionnaires s'expriment volontiers par concepts. Malheureusement, les auditeurs et téléspectateurs n'en ont pas l'habitude et ils ne disposent ni du temps ni de la connaissance du sujet pour se représenter ce que recouvrent ces concepts. Il ne suffit pas de dire «Nous allons adopter une politique plus réaliste», il faut décrire ce que cette politique va donner dans la réalité. Les gens ont besoin d'exemples réels ou inventés qui leur permettront d'imaginer la situation, donc de la comprendre.

Un exemple entendu après la fermeture d'un certain nombre de succursales bancaires

«Pour alléger les effets de cette rationalisation, nous mettons au point une stratégie de remplacement de nos facilités et de mesures d'accompagnement qui permettra à notre clientèle de continuer à avoir accès à nos produits et services» est devenu après traduction en langage concret: «Pour que nos clients puissent continuer à faire leurs opérations bancaires, nous mettrons à leur disposition un guichet automatique ouvert jour et nuit et un service de visites à domicile pour les personnes âgées ainsi que les petits commerçants et industriels.»

- *Bannir la langue de bois.* La langue de bois est celle des dirigeants qui ne veulent pas se commettre tout en ayant l'air de se prononcer avec vigueur. Elle est caractérisée par des précautions oratoires inutiles, un vocabulaire pompeux mais imprécis, des redondances, des pléonasmes et un emploi abusif des périphrases, des incidentes, des incises et des paraphrases. Le public est de moins en moins dupe.

> « Si vous permettez et en toute honnêteté, cet événement m'interpelle comme il interpelle tous ceux – et ils sont nombreux – qui sont attachés aux valeurs humanistes. Il est bien évidemment certain que tous les efforts doivent être faits – et c'est notre volonté ferme de les faire – et c'est ma ferme volonté également de tenter de trouver, autant que faire se peut, une solution équitable à ce problème... dans le respect des intérêts légitimes des parties impliquées, il va sans dire. Quant à savoir s'il faut intervenir et quelle doit être la nature de cette intervention éventuelle, à quelle date faire cette intervention, nous devons d'abord – c'est une nécessité – étudier en étroite collaboration, conjointement et ensemble, avec nos partenaires et tous les groupes intéressés, tous les tenants et aboutissants de la question, cela dans un esprit de stricte objectivité. D'ailleurs, nos actions passées, dans des circonstances... »

S'imposer une discipline de langage

- Éliminer les formules ineptes. « Il a fermé la porte à la table de négociation et on ne pourra éviter un bras de fer », « C'est un homme de haut calibre... », « Il a donné le feu vert et a trouvé la clé qui dénouera l'impasse... » et toutes les expressions de ce genre qui sont malheureusement fréquentes sur nos ondes et dans les pages de nos journaux.
- *Parler pour tout le monde.* Méfiez-vous des termes à la mode, souvent issus d'une langue étrangère, mais pris dans un sens qui ne correspond pas à leur signification véritable: *brainstorming* pour réunion, *décade*

pour décennie, *initier* pour lancer ou démarrer, *discount* pour réduction, *marge* pour bénéfice, *interface* pour liaison ou jonction, etc. Tous ces mots et expressions seront peut-être un jour officialisés par le dictionnaire mais, en attendant, une grande partie du public ne les comprend pas.

- *Concevoir un message positif.* Évitez les énoncés négatifs qui laissent une impression défavorable. Ainsi, ne dites pas « Je ne dirais pas qu'il ne fait pas beau aujourd'hui » ; dites plutôt « Je dirais qu'il fait beau aujourd'hui ». Ne dites pas « Je ne suis pas d'accord avec vous » ; dites « Je suis d'opinion contraire à la vôtre ». Vous paraîtrez plus affirmatif, plus positif. Également, évitez les « Je pense... Je crois... » qui, dans les faits, veulent dire que vous n'en êtes pas si sûr que ça. Faites un bref silence et commencez la vraie réponse : « (je crois que...) Nous allons envoyer le chèque demain. »

Note

« Penser » signifiait à l'origine « exercer son intelligence » mais est devenu dans la langue commune « Avoir l'idée que, supposer, présumer ». De même, « croire» signifiait « tenir pour véritable, adhérer » mais est devenu, avec le glissement sémantique dû au temps, « espérer, souhaiter, supposer ».

Dans les deux cas on est loin de la certitude. Les « Je pense » et « Je crois » en début de phrase sont en fait devenus des procédés oratoires qui permettent au locuteur de se donner le temps de préparer sa réponse, mais qui lui enlèvent de l'impact.

- *Éviter les termes péjoratifs.* Si le journaliste vous demande : « Comment fonctionnait cette fraude ? », ne répétez pas : « Cette fraude fonctionnait de la façon suivante... » Commencez votre réponse par l'explication : « À chaque transaction, en utilisant un procédé informatique, le comptable transférait une fraction de cent sur un compte spécial; personne ne s'en apercevait, mais comme nous faisons un grand nombre de transactions, ça a fini par faire une grosse somme... » Bien des interviewés reprennent la question qui leur est posée pour se donner le temps de réfléchir; il faut toutefois se méfier de la répétition mot à mot quand cette question contient un énoncé défavorable.

- *Corriger les erreurs.* Il ne faut jamais laisser passer une erreur en ondes. Si cette erreur est le fait du journaliste, il faut la relever et la corriger tout de suite, sans arrogance mais au contraire poliment et avec le sourire. Si, en pratiquant l'auto-écoute, vous vous rendez compte que vous avez fait une erreur ou dit quelque chose prêtant à fausse interprétation, il faut vous corriger immédiatement. Le public vous saura gré de cet effort pour l'informer correctement.
- *Se méfier des digressions.* Il y a les digressions du journaliste qui, volontairement ou non, sort du sujet initialement négocié et arrêté. Vous devez le ramener sur le sujet et poursuivre votre argumentation. Il y a les digressions dans lesquelles, par distraction, vous pourriez vous engager. Si vous pratiquez l'auto-écoute, vous allez vous en rendre compte et vous devez revenir immédiatement à votre argumentaire.

▸ Un journaliste de la télévision s'étant attardé à la brasserie de la mère Clavet et ayant négligé de préparer son dossier se présente en studio un jour de septembre. Il interviewe le porte-parole régional du Lac-Saint-Jean d'une importante organisation professionnelle. Première question: « Monsieur Tremblay, vous représentez le Lac-Saint-Jean. (Silence.) Ah! ça doit être beau en ce moment au Lac-Saint-Jean? » Le porte-parole répond poliment que oui, en cette saison, etc. Les voilà partis sur les splendeurs automnales de la région. Puis, le journaliste, manquant d'inspiration, pose sa seconde question: « Dites, vous avez eu beaucoup de bleuets, cette année? » Et le porte-parole, toujours docile, enchaîne sur la récolte de bleuets. Troisième question: « La saison de chasse va commencer, le Lac-Saint-Jean, c'est très giboyeux ? » Et ainsi de suite, jusqu'à ce que le réalisateur, excédé, n'ordonne la clôture de l'entrevue, que le journaliste conclut de la manière suivante : « Eh bien, je vous remercie, Monsieur Tremblay, de nous avoir exposé la position de votre organisme. » Ce que le malheureux porte-parole n'a jamais pu faire !

- *Faire attention aux tics de langage.* Certains sont inoffensifs : « N'est-ce pas... », « Écoutez... » ; mais répétés à chaque phrase, ils attirent l'attention au détriment du contenu, puis ils finissent par fatiguer. Les « Euh... » répétés, en plus d'attirer l'attention, indiquent que vous cherchez vos mots, voire vos idées, donc que vous ne savez pas trop quoi répondre. Les « Effectivement... Oui... Définitivement... » en début de réponses sont dangereux ; dans votre subconscient, ils sont destinés à vous donner du temps et à souligner l'affirmation qui suit, mais dans l'esprit de l'auditeur ils peuvent passer pour la confirmation ou l'approbation de ce que vient de dire l'intervieweur (et qui était probablement préjudiciable à votre image publique). Sans compter qu'un journaliste malhonnête peut procéder à un montage et couper tout de suite après votre « Effectivement » et... effectivement, vous approuvez alors ce qui était affirmé dans la question : « Donc, vous allez procéder à des licenciements ! ? – Effectivement... nous voulons maintenir les effectifs actuels. » Pour éviter les effets des tics de langage, il faut d'abord en être conscient. Ensuite, il faut s'entraîner, en pratiquant l'auto-écoute, à prévoir le « Euh... » ou le « Effectivement » et le remplacer par un très bref silence.

Pratiquer le judo verbal

Une communication médiatique, que ce soit à la radio, à la télévision ou même devant la presse écrite, est en fait une prise de parole publique sous le couvert d'une communication interpersonnelle avec un journaliste qui veut, en plus de servir les intérêts de son média, vous faire révéler les informations qu'il vous soupçonne de retenir au mépris du droit à l'information. Vous, en qualité de porte-parole, vous voulez informer honnêtement le public tout en préservant et rehaussant l'image publique de votre organisation. Si bien que, sauf dans les émissions de faire-valoir, la rencontre prend souvent l'aspect d'un match verbal.

Être proactif

Avant la rencontre il vous faudra, comme disent les sportifs, « travailler sur le mental ». Vous devez vous convaincre que votre préparation intellectuelle a été adéquate, que votre argumentation est sans faille, que vous êtes prêt à répondre aux objections et enfin que vous dites la vérité, seule façon de conserver votre crédibilité et, du même coup, de préserver l'image publique de votre organisation.

Ne pas se laisser impressionner

Nous avons passé en revue à peu près tous les trucs de métier employés par le journaliste pour parvenir à ses fins, y compris ceux qui procèdent de l'intimidation : questions insidieuses, techniques brutales d'interrogatoire de type policier, attitude agressive, voire méprisante, frisant l'insolence, etc. Si vous montrez des signes de peur, de trac, de malaise, d'irritation ou de colère, vous perdez automatiquement d'abord votre sérénité (donc une partie de vos moyens) et ensuite une partie de votre crédibilité. Il faut vous comporter comme s'il y avait une plaque de plexiglas virtuelle entre le journaliste et vous, rester imperméable à ses manifestations émotionnelles, faire abstraction de ses sentiments réels ou simulés. Il faut vous concentrer sur le contenu intellectuel de ses questions pour y déceler les pièges possibles ; si le journaliste vous coupe la parole, attendez un bref instant, souriez et poursuivez votre argumentation sans dire : « Mais laissez-moi finir, s'il vous plait ! » Il est impératif de ne pas sortir de son argumentaire.

Pratiquer l'esquive

Dans un match de judo, chaque adversaire cherche à vaincre en profitant de la force de l'autre. Quand l'un pousse, l'autre tire en ajoutant la force de la poussée à la sienne ; quand l'un tire, l'autre pousse pour jeter son adversaire à terre et rester debout. Dans une entrevue, vous devez rester dans votre argumentaire malgré les efforts du journaliste pour vous en faire sortir. À l'instar d'un judoka, vous devrez chercher dans les questions posées par le journaliste les éléments qui, tout en donnant l'impression de répondre, vous permettront de rester sur votre terrain et de continuer à décliner vos arguments. En écoutant la question, en la faisant répéter au besoin, vous avez le temps de préparer une réponse. S'il s'agit d'une question piège, c'est-à-dire une question à laquelle vous ne pouvez pas ou ne devez pas répondre, utilisez une *phrase charnière* pour l'éluder et revenir à votre argumentaire.

Phrases charnières

Chaque porte-parole peut se constituer un arsenal de phrases charnières. En voici quelques-unes.

- C'est une excellente question, mais ce qui importe… ;
- Il faut mettre les choses en perspective et dans cette optique… ;
- Dans une perspective plus large, on peut dire… ;
- C'est un problème différent… ;
- Il existe une autre façon de voir les choses… ;
- Un aspect plus important, c'est… ;
- Ce n'est pas la seule question… ;
- Il y a deux volets dans votre question, je prends le second… ;
- C'est aller bien loin, pour rester sur notre terrain…

> ▸ Monsieur Laurent Fabius, ancien premier ministre de France, a un jour complètement déjoué un journaliste qui le pressait d'un peu trop près en répondant avec un grand sourire : « Votre question me fait justement penser à quelque chose... » et il a continué à décliner ses arguments devant le journaliste médusé.

L'expérience prouve que l'on peut même ignorer complètement la question, marquer un léger temps d'arrêt, sourire et poursuivre son argumentation : cela ne choque pas le public. Par contre, cela peut choquer le journaliste qui va revenir : « Mais vous n'avez pas répondu à ma question ! Je vous la pose de nouveau... » Dans cette situation, vous n'avez pas le choix. Sans oublier de sourire, il vous faut expliquer que, effectivement, c'est soit un problème différent que vous ne pouvez pas traiter pour telle ou telle raison, soit une question à laquelle vous ne pouvez pas répondre pour telle ou telle raison.

6.3. LE CHOIX, LE RÔLE ET LA FORMATION DU PORTE-PAROLE

Nous avons vu plus haut que les journalistes sont habiles pour trouver dans les organisations les personnes les plus crédibles et les plus aptes à répondre à leurs questions. Dans bien des organisations, on insiste pour que personne ne parle excepté le président-directeur général. Plusieurs situations sont donc à considérer.

- *Le PDG fait lui-même la promotion de son organisation, de ses produits et services.* Il est alors indispensable que cette personne ait des qualités de porte-parole indéniables, sans quoi mieux vaut confier la tâche à un professionnel.
- *Le PDG, habile communicateur, devient la coqueluche des médias.* Au début, cela peut aider à faire indirectement la promotion de l'organisation, de ses produits et services. Cela peut même provoquer un sentiment de fierté parmi les employés en répondant à leur besoin d'identifica-

tion à un leader. Mais, à la longue, ce succès médiatique du leader peut porter ombrage à l'organisation en la reléguant au second plan. Cela peut aussi inspirer de la jalousie et de la frustration aux employés qui n'auront jamais l'attention du public. Et, surtout, cela ne suffit pas. En France, Bernard Tapie avant-hier et Jean-Marie Messier hier étaient des bêtes médiatiques; cela ne les a pas empêchés de sombrer. Au Québec, tout le battage médiatique fait autour de Paul Delage Roberge et des Ailes de la Mode ou de Charles Sirois et de Téléglobe n'a pas empêché ces entreprises de frôler la faillite.

La médiatisation n'est pas un substitut à la saine gestion.

Par ailleurs, la médiatisation excessive du dirigeant principal fait paraître bien terne son successeur, qui n'aura pas nécessairement les mêmes qualités de communicateur. Enfin, si le PDG est discrédité, ce discrédit va presque à coup sûr rejaillir sur l'organisation.

- *Le PDG répond des actions de son organisation devant les médias.* C'est normal, il est le seul et ultime responsable devant le public et devant la loi. Mais s'il est toujours sur la sellette et que la situation de son entreprise s'aggrave malgré ses déclarations rassurantes, sa crédibilité risque d'en être entachée et la réputation de l'organisation en souffrira. Il est donc préférable que le PDG laisse ses subalternes répondre aux médias sur les questions spécifiques et sectorielles pour lesquelles ils ont la connaissance et la crédibilité, quitte à se réserver les déclarations officielles sur les questions d'importance capitale et générale.

La communication étant une science dont il faut connaître les règles et un ensemble de techniques qu'il faut posséder, les porte-parole auront intérêt à suivre une formation. Un enseignement théorique condensé et des exercices pratiques bien menés devraient leur permettre (sauf pour quelques rares cas désespérés) d'améliorer leurs aptitudes communicationnelles en une journée. Si la rencontre médiatique revêt une grande importance, il est toujours préférable de procéder à une simulation avant, histoire de vérifier si l'argumentaire tient la route et si le porte-parole « performe » de façon satisfaisante. On aura aussi intérêt à enregistrer les déclarations faites pendant la rencontre de presse afin de comparer ce qui a été dit avec ce qui en a été rapporté, d'évaluer l'efficacité de l'opération médiatique et d'en tirer des enseignements pour l'avenir.

On ne naît pas communicateur, on le devient.

Septembre 1998 à Lyon. L'hôpital Édouard-Herriot est sans électricité à la suite d'une panne de courant dans le secteur. Le groupe électrogène de secours ne démarre pas. La panne ayant duré quatre heures, trois personnes sont décédées. Le lendemain, le directeur général de l'hôpital tient une conférence de presse. Malgré les conseils de sa directrice des communications, le directeur général refuse de se préparer. La première question, maladroitement posée, était: « Combien y a-t-il eu de morts depuis le début de la panne de courant ? » Le directeur, prenant la question à la lettre, répond : « Je ne sais pas exactement, six ou sept... ». Les journalistes se précipitent sur leur téléphone portable et transmettent à leur salle de rédaction : « Bilan de la panne d'électricité à Édouard Herriot : sept morts. » Consternation de la directrice des communications, qui incite son patron à relativiser. Le directeur déclare alors : « Je vous ai dit six ou sept morts, mais vous savez, dans un hôpital on est habitué à la mort : tous les jours on en a quatre ou cinq... ». Les journalistes reprennent leur portable et transmettent : « Mortalité moyenne à Édouard-Herriot : cinq morts par jour. » Se rendant compte de son impair, le directeur veut se rattraper et déclare : « Écoutez ! Le nombre de décès directement attribuables à la panne de courant est de trois. Mais c'étaient des personnes en phase terminale et, un jour de plus, un jour de moins, elles seraient mortes de toute façon !... » Bien entendu, ces déclarations maladroites ont déclenché un scandale national et le directeur général s'est vu contraint de prendre une retraite anticipée.

7. L'ÉVÉNEMENT COMMUNICATIONNEL

*L'***ÉVÉNEMENT COMMUNICATIONNEL** *est un événement spectaculaire organisé en vue d'impressionner l'opinion publique et d'assurer la plus large diffusion possible d'un message.*

De tout temps les hommes ont organisé des événements communicationnels : cérémonies religieuses à grands spectacles, couronnements des rois, parades militaires, signatures de traités internationaux, ouvertures des parlements en présence du chef d'État, levées de la première pelletée de terre, inaugurations d'autoroutes, etc. On distingue les *événements à caractère promotionnel* (lancements en grandes pompes d'un nouveau produit ou service, inaugurations de salons du livre ou de l'agriculture, concours populaires destinés à mousser une marque de commerce, etc.), les *événements à caractère social* (assemblée annuelle des membres d'un club, remises des médailles aux Jeux olympiques, défilés d'ordres professionnels, etc.) et les *événements à caractère politique* (investiture de chefs d'État, destruction de symboles du pouvoir, congrès à la direction d'un parti politique, etc.).

Une fois les objectifs définis, la préparation d'un événement communicationnel doit porter sur le *contenu circonstanciel* (date, lieu, décor), le *contenu humain* (nombre et qualité des participants et des intervenants, leur signification symbolique, leurs actions, leurs gestes) et le *contenu cognitif* (les slogans affichés, les textes distribués, les paroles prononcées).

Tout événement communicationnel implique des risques de crises. On a déjà vu des prototypes d'avions exploser en plein vol lors de salons aériens, de grands rassemblements de foule à caractère festif se terminer dans la bousculade avec des gens piétinés à mort, des manifestations de protestation se retourner contre leurs organisateurs, des assemblées politiques perturbées par des agitateurs. L'histoire montre que de nombreux événements communicationnels ont eu des effets contraires à l'effet initialement recherché. Faire une évaluation des risques est une obligation. Dans le cas d'événements politiques, il faut considérer que des pans entiers du public demeurent sceptiques ou opposés et qu'ils auront une réaction défavorable ou que des factions agissantes pourront venir les perturber. Si les risques de dérapage sont trop grands, étudier la possibilité de remplacer l'événement communicationnel par une conférence de presse ou même un simple communiqué.

- Quand le champion de l'action humanitaire Bernard Kouchner, qui dirigeait les opérations de ravitaillement de la population affamée de Somalie, s'est fait filmer débarquant sur une plage, les pieds dans l'eau avec un sac de céréales sur le dos, il a fait rire de lui, car il donnait l'image d'un homme avide de publicité.
- Les premiers ministres du Québec et de Terre-Neuve allant à grand renfort de publicité sur la côte du Labrador, annoncer la conclusion d'un accord pour construire en commun un vaste barrage hydroélectrique, n'avaient pas imaginé que les Amérindiens innus, non consultés et hostiles au projet, allaient les forcer à se réfugier dans un hangar puis à se faire évacuer en hélicoptère sous les invectives et les injures. Avec le résultat que ce projet a été abandonné.

8. LE COMMUNIQUÉ DE PRESSE

> *Le* **COMMUNIQUÉ DE PRESSE** *est un document officiel de l'organisation portant sur un fait ou un événement nouveau ou important, et destiné à être communiqué à un public donné par les médias.*

Défauts habituels des communiqués de presse : ils sont mal identifiés (entre autres, on cherche les coordonnées de l'auteur) ; ils sont trop longs (trois, quatre pages et parfois plus !) ; la nouvelle se trouve dans le corps du texte, voire à la fin ; il n'y a tout simplement pas de nouvelle. Alors, les journalistes jettent les communiqués à la poubelle sans les lire complètement car ils sont pressés (et parfois paresseux).

Or, l'objectif premier du communiqué de presse est d'attirer l'attention du journaliste, de l'intéresser et de le convaincre d'en publier la matière.

Critères de publication

Les journalistes publieront le communiqué s'il porte sur un fait d'actualité, proche et intéressant le public.

- *L'actualité* : se référer à la définition du terme « information » (une information est un fait nouveau qui survient dans l'environnement).
- *La proximité* : temporelle, spatiale, affective, socioculturelle ou professionnelle, politique.
- *L'intérêt du public* : grand public ou publics ciblés (selon les intérêts, besoins, attentes, préjugés, humeurs du moment, connaissance antérieure du sujet par ces publics).

Qualités requises

Le communiqué de presse doit être :

- *crédible :* objectif, vrai, précis, exact, complet (éviter propagande, publicité, imprécisions, ambiguïtés, sous-entendus, faussetés) ;
- *compréhensible immédiatement :* l'information complète d'abord (règle des « 5 W ») ; langue simple et précise (éviter la langue de bois et les termes techniques).
- *bref :* une page, une page et demie au maximum (éliminer les idées secondaires et les détails) ;
- *présenté de façon efficace :* mise en page attrayante et claire ;
- *identifiable facilement :* papier à en-tête avec mention « communiqué de presse » ; titre, date, lieu, signature, coordonnées du porte-parole ou de son représentant.
- *publié au moment propice :* en conformité avec les dates et heures de tombée des médias ; ne pas omettre la mention « publiable immédiatement » ou « publiable le... » ou « publiable sur avis ».

- *adressé correctement:* aux journalistes qui peuvent faciliter sa publication, au chef de rédaction ou aux deux;
- *suivi d'appels téléphoniques* (si nécessaire).

Rédaction

Le lecteur ordinaire se rappelle en moyenne 12 mots par phrase. Il retient plus facilement le début de la phrase que la fin et a de la difficulté à concentrer son attention sur plus d'un fait ou d'une idée par phrase. Il est rebuté par le langage non usuel, ne lit habituellement que le titre et le début des articles et préfère les articles brefs. Le journaliste doit être considéré comme un lecteur ordinaire.

- *Se souvenir de l'objectif.* Attirer l'attention du journaliste et l'inciter à publier la matière du communiqué;
- *Dresser la liste des arguments* (les éléments d'information que l'organisation désire rendre publics);
- *Vérifier la conformité des arguments* avec les critères de publication journalistique (actualité – proximité – intérêt public);
- *Faire un plan* (chronologique ou chronologique inversé; descriptif, démonstratif ou mixte);
- *Éliminer les détails* pour ne conserver que l'essentiel;
- *Trouver le «lead»* (le fait le plus nouveau, le plus important, le plus significatif, qui constituera la première phrase du communiqué);
- *Rédiger le «lead»* (en privilégiant la compréhension immédiate);
- *Rédiger le texte.* Faire des phrases courtes, éviter les propositions relatives trop nombreuses, se limiter si possible à une idée ou un fait par phrase, utiliser un vocabulaire simple et précis, éviter les termes techniques et abstraits, bien identifier les personnes et les organismes, employer sigles et acronymes après avoir d'abord mis le nom complet, éviter les accumulations de chiffres et

de statistiques, soigner la conclusion – qui doit être un appel ou une invitation, un rappel ou un résumé de ce qui précède ;

- *Composer le titre* (une fois le communiqué rédigé). Il doit attirer l'attention, livrer la teneur du communiqué, être bref et accrocheur, enfin être informatif ou incitatif.

« Un nouvel outil multiservice sera bientôt à la disposition des bricoleurs. » De préférence à : « Le directeur de fabrication de la Société XYZ, monsieur Untel, est heureux d'annoncer la prochaine mise sur le marché, dans les quincailleries, d'un nouvel outil multiservice destiné aux bricoleurs. »

À éviter

Cette invention, qui est le résultat de dix années de recherche et de développement et qui a été réalisée par les services techniques, de réputation mondiale, de Saint-Machin, une succursale de la Société XYZ, a placé cette société au premier rang sur le marché en croissance des outils de bricolage.

Le communiqué payé

Encart, page ou espace publicitaire payé par l'organisation pour annoncer un événement, une prise de position ou faire une mise au point, le communiqué payé évite le crible de l'esprit critique du journaliste ; la publication est assurée dans son intégralité. Par contre, il est moins crédible.

CHAPITRE 5

LA COMMUNICATION DE CRISE

Sauve qui peut!

1. L'ANATOMIE D'UNE CRISE

D'après l'étymologie, une crise est un moment clé dans un processus de changement. Dans les faits, ces moments clés s'accompagnent toujours de difficultés; on parle ainsi de la crise de l'adolescence. Puis, par glissement sémantique, le terme en est arrivé à désigner une accumulation de difficultés telle que la vie de l'individu est fortement perturbée, voire mise en danger: crise de folie, crise cardiaque. En ce qui concerne les organisations, on s'entend généralement sur la définition suivante:

> *Une* **CRISE** *est un événement imprévu, dommageable et public, perturbant la vie d'une organisation.*

Événement imprévu

Qui eût pensé que le Vatican aurait été, au printemps 1998, le théâtre d'un double meurtre passionnel suivi d'un suicide? Un caporal de la garde suisse, amoureux de la femme de son capitaine, les tue tous les deux et s'enlève ensuite la vie.

Il y a des crises prévisibles pour certains membres de l'organisation, mais elles éclatent souvent au moment où l'on s'y attend le moins et elles surprennent toujours la majorité des individus concernés. Tous les hôtels ont un plan d'évacuation en cas d'incendie, mais quand le feu se déclare c'est toujours la panique.

Événement dommageable

Une crise peut engendrer des conséquences désastreuses pour l'organisation: perte de crédibilité des dirigeants; image publique et réputation ternies parfois pour plusieurs années; perceptions erronées et persistantes au sein de la population, des employés et des partenaires; déresponsabilisation des employés; perte de confiance des clients et baisse du chiffre d'affaires; dégâts matériels; blessures corporelles et pertes de vie.

Événement public

Malgré les efforts des dirigeants pour étouffer la nouvelle, des informations finissent toujours par filtrer à l'extérieur de l'organisation pour une raison ou pour une autre : frustration d'un employé, déception d'un partenaire, inquiétude de la population, curiosité des autorités, etc. Et cette nouvelle finit toujours par tomber dans l'oreille d'un journaliste. Évidemment, il y a parfois des événements imprévus et dommageables ou de graves difficultés internes qui sans devenir publics, perturbent néanmoins diablement l'organisation : disons que ce sont des *quasi-crises.*

L'expérience montre que toutes les organisations, quelles qu'elles soient, ont déjà été affectées par une crise, traversent actuellement une crise ou seront, tôt ou tard, affectées par une crise.

Les crises sont de plus en plus fréquentes et de plus en plus nombreuses, car…

- *les changements climatiques* entraînent une multiplication des catastrophes naturelles ;
- *les risques de dérèglements techniques* augmentent au fur et à mesure que nous utilisons des technologies et des machines plus complexes et plus délicates, donc plus vulnérables ;
- *les médias sont plus à l'affût* de ce qui ne va pas dans le but louable de répondre au droit du public à l'information et dans le but plus discutable d'augmenter leur tirage et leurs cotes d'écoute ; les journalistes sont plus « agressifs » ;
- *l'opinion publique est plus éveillée*, plus sensible et plus méfiante qu'autrefois pour tout ce qui touche au bien-être et à la sécurité générale ; les groupes de défense des intérêts collectifs se sont multipliés ;
- *les autorités sont plus sévères* à la fois dans le domaine de la prévention et dans celui de la répression, que ce soit sur le plan réglementaire ou judiciaire ;
- *la mondialisation de l'information* fait que telle crise survenant aux antipodes est maintenant immédiatement portée à notre connaissance.

1.1. LES CATÉGORIES DE CRISES

De quatre qu'elles étaient il y a quelques années, on compte maintenant une bonne douzaine de catégories de crises qui peuvent affecter les organisations à tout moment, alors que la plupart de leurs dirigeants n'envisagent que celles qui découlent normalement de leur sphère d'activité. Il y a plusieurs façons de classer les crises : d'après leurs causes ou d'après leurs effets. Nous adoptons une typologie causale, car elle peut faciliter la prise de mesures préventives.

Crises naturelles
Inondations, glissements de terrain, foudre, tornades, etc.

Le tremblement de terre survenu le 26 janvier 2001 dans le Gujerat, en Inde, a non seulement fait des dizaines de milliers de morts, mais il a montré que de grandes constructions neuves ont été faites en violation des normes, que les autorités indiennes n'étaient pas prêtes à faire face à de tels séismes pourtant prévisibles et que les secours se sont déroulés dans un climat d'anarchie totale.

Crises accidentelles
Explosion, incendie, accident de la route, etc.

Le 1er juillet 1999, le téléphérique du pic de la Bure, dans les Alpes françaises, s'écrase, faisant 20 morts, tous des employés de l'observatoire situé au sommet du mont. La crise se complique du fait qu'un ancien chef de la maintenance du téléphérique déclare avoir eu des difficultés d'ordre technique avec la société l'ayant construit.

Crises personnelles
Agression, prise d'otage, discrimination, etc.

Les laboratoires Huntingdon, le plus grand laboratoire de tests pharmaceutiques de Grande-Bretagne, ont été, il y a quelques années, l'objet des attaques d'une société de défense des animaux de laboratoire dont les membres n'hésitent pas à recourir à la violence : cinq voitures d'employés ont été incendiées et cinq autres piégées ;

un cadre a été agressé par deux hommes masqués. Résultats : les actions de l'entreprise tombent, les investisseurs désertent et Huntingdon est menacé de faillite.

Crises techniques
Panne informatique ou électrique, erreurs de fabrication, etc.

En juin 1999, plusieurs centaines de personnes sont intoxiquées en buvant du Coca-Cola en Belgique et dans le nord de la France. Coca-Cola Europe commence par nier. Le 14 juin, les gouvernements de Belgique et des Pays-Bas et les autorités du nord de la France ordonnent le retrait de tous les produits Coca-Cola. Coca-Cola Europe proteste. On découvre finalement la cause : la boisson même n'est pas contaminée, mais c'est un insecticide vaporisé sur les chargements de canettes pour éloigner guêpes et abeilles qui, venant au contact des lèvres, a provoqué les intoxications. Conséquences : perte de prestige de la société, baisse des ventes, renvoi du président de Coca-Cola Europe.

Crises économiques et financières
Fraude, faillite, fusion, etc.

Au début des années 1990, le Crédit Lyonnais a procédé à des investissements aventureux. Bernard Tapie en faillite lui doit plusieurs centaines de millions ; des hommes d'affaires italiens l'ont escroqué en l'incitant à acheter la Metro Goldwin Mayer. Plusieurs plans de sauvetage sont mis en place dès 1994 par le gouvernement français ; la note sera salée pour tous les contribuables. Le 6 mai 1996, un gigantesque incendie détruit le siège social historique du Crédit Lyonnais à Paris. Automatiquement, des rumeurs naissent quant à l'origine possiblement criminelle de l'incendie.

Crises sociales
Grève, licenciements, contestation publique, rumeur, etc.

Imitant les agriculteurs français, les producteurs québécois de porcs décident, en septembre 1998, de frapper fort. Invoquant « le droit de produire », ils revendiquent un assouplissement des normes concernant les grandes porcheries et une aide gouvernementale pour faire face à la chute des prix. Ils s'installent avec quelques dizaines de porcs dans un enclos provisoire sur l'autoroute entre Montréal et Québec. Circulation complètement bloquée pendant six jours, intervention des autorités, négociations au plus haut niveau, puis mécontentement populaire par suite de la fermeture de l'autoroute, mécontentement rejaillissant sur les producteurs qui ont finalement raté leur coup.

Crises « produit »

Produit ou service défectueux suscitant des protestations publiques, des plaintes ou des poursuites judiciaires.

À ceux qui disent « Notre service qualité nous met à l'abri des crises »; rappelons que : le contrôle de qualité est parfois déficient (traces de benzène dans les bouteilles de Perrier) ; un employé de l'entreprise peut, par inadvertance ou malveillance, altérer la qualité du produit (le cas de Coca-Cola Europe cité précédemment) ; une personne de l'extérieur peut, par inadvertance ou malveillance, altérer le produit après sa sortie de l'usine (Tylenol) ; le produit peut s'altérer tout seul (les rillettes de Coudray[1]) ; la rumeur, les commérages, les fausses nouvelles peuvent, sans altération du produit, jeter un doute sur sa qualité (les huîtres après la marée noire de l'*Erika*) ; le produit peut être assimilé à un produit semblable de qualité défectueuse (encore les huîtres et les rillettes).

Crises communicationnelles

Déclarations intempestives déclenchant des protestations ; publication de documents secrets ; rumeurs ; etc.

Le 25 février 2000, le premier ministre de France, M. Lionel Jospin, est en visite officielle à Jérusalem. Il condamne « la violence arabe ». Le lendemain, poursuivant sa visite en territoire palestinien, il est reçu par une foule en colère qui le lapide. Son objectif était de redonner à la France son influence d'antan au Proche-Orient et de la positionner comme puissance médiatrice dans le conflit palestinien.

1. Voir plus loin : *Crises par association ou par amalgame.*

Objectif raté. Quelques jours plus tard, à Paris, le ministre des Affaires étrangères tente d'expliquer que ce qu'avait dit M. Jospin n'était pas ce qu'il avait voulu dire. Mais l'opinion publique conservera l'image du premier ministre français, une plaie rouge sur le dessus du crâne, regagnant péniblement sa limousine blindée sous un jet de pierres et d'injures.

Crises politiques

Renversement de gouvernement, résultats d'élection inattendus, décès de chef d'État, démissions de ministre, etc., plongeant une société dans la crise.

Rappelons l'incroyable imbroglio électoral survenu durant l'automne 2000 lors de l'élection présidentielle américaine dans un comté de Floride. L'incapacité d'en arriver à un résultat décisif, les chicanes judiciaires, la mauvaise foi de certains acteurs, l'attitude intransigeante des deux candidats ont montré à la face du monde le caractère artisanal, non démocratique et obsolète du mode de scrutin américain, portant un dur coup au prestige des États-Unis.

Crises par association ou par amalgame

Une crise affectant une organisation ou une personnalité peut avoir des répercussions sur les autres organisations ou personnalités œuvrant dans le même domaine ou dans un domaine similaire. L'opinion publique aura tendance à généraliser et à confondre les organisations et leurs produits.

Début 2000 en France. La Société Coudray, produisant des rillettes, est mise en cause après la découverte de cas de listériose, dont trois mortels, chez des gens ayant consommé ses produits. L'enquête prouve que la présence de la bactérie Listéria est due non à la fabrication mais aux conditions de conservation des boîtes de rillettes par les consommateurs. Les ventes de rillettes chutent mais la Société Coudray, bien qu'ébranlée, réussit à s'en sortir commercialement et financièrement. Toutefois, deux entreprises concurrentes, moins solides, ont dû se mettre sous administration judiciaire.

Crises mixtes
Fusion suivie de licenciements, fraude provoquant une faillite, accident mettant en évidence des actes de corruption dégénérant en crise politique ; etc.

Le naufrage du pétrolier maltais *Erika,* le 12 décembre 1999 en Bretagne, a provoqué : une crise écologique avec pollution des côtes et mort de milliers d'oiseaux aquatiques, une crise communicationnelle, la compagnie Total Fina tentant de dégager sa responsabilité, une crise politique car l'*Erika* n'aurait jamais dû obtenir son certificat de navigabilité et, enfin, une crise économique, le public français refusant d'acheter des huîtres par crainte de la contamination par le mazout, alors que les parcs à huîtres n'ont même pas été atteints par la marée noire.

Crises surprises
Celles auxquelles les dirigeants d'organisations ne s'attendaient pas du tout et qui peuvent entrer dans n'importe laquelle des catégories mentionnées ci-dessus.

En novembre 1998, nous avons formé les dirigeants d'une fabrique de plastiques de la région de Montréal et nous avions assigné à chacun un scénario de crise sur lequel travailler. Le scénario du directeur des ressources humaines était un suicide sur les lieux de travail, ce qui avait provoqué l'incrédulité générale. La seule crise que cette entreprise a eu à traverser depuis cette formation fut, deux semaines plus tard, le suicide d'un contremaître qui, joueur compulsif ayant claqué tout son argent au casino, est rentré à l'usine dans la nuit, a revêtu une combinaison de travail neuve et s'est pendu derrière une machine. Ce drame a plongé la direction de l'entreprise dans un embarras d'autant plus profond que, par sa mise en scène, il a été interprété comme un geste de révolte contre les patrons.

Les entreprises de génie informatique s'attendent naturellement à des crises techniques. Or, en janvier 2001, à Wakefield au Massachusetts, un technicien de la société Edgewater Technology qui avait toujours été un bon employé et un bon citoyen, arrive au travail avec une arme à feu et tue sept de ses collègues. Il avait des difficultés financières et son employeur lui avait refusé une avance sur salaire !

Quasi-crises

Ce sont les incidents ayant les causes les plus fortuites et les plus inattendues, les conflits internes latents, les difficultés administratives qui viennent un beau matin perturber la vie de l'organisation sans dégénérer en crise publique véritable.

Au sud de Montréal, une usine avec des caméras de surveillance partout, car on y manipule des matières explosives. Un dimanche de l'été 1999, le personnel est réduit et le préposé à la sécurité voit sur son écran deux inconnus se faufiler dans les ateliers. Ils sont cernés et arrêtés. Il s'agissait de deux adolescents de 14 ans qui, s'ennuyant pendant leurs vacances, avaient imaginé de visiter l'usine. Ils ont réussi à escalader une clôture de trois mètres munie de barbelés, à briser le code de blocage électronique d'une porte, à désamorcer le système d'alarme et ils couraient partout en s'amusant comme des fous. À la moindre fausse manœuvre, ils faisaient tout sauter, avec comme conséquences : destruction de l'usine, mort des occupants, dégagement de vapeurs toxiques, enquête policière, poursuites civiles par les familles des victimes, poursuites civiles par les voisins victimes des vapeurs toxiques, poursuites criminelles contre les dirigeants de l'usine pour négligence.

Dans une grosse usine en France, une jeune cadre subalterne tombe follement amoureuse du directeur général et le poursuit de ses assiduités. Le monsieur repousse ses avances. Elle revient à la charge et, un jour, menace de se jeter par la fenêtre s'il ne dit pas oui. Rejetée de nouveau, elle ouvre la fenêtre et se jette dans le vide. Le directeur se précipite, la rattrape par un pied et ils restent là, elle se balançant contre le mur, la tête en bas, la jupe retroussée et hurlant de terreur, et lui, essayant de ne pas la lâcher et appelant à l'aide. La jeune femme a été remontée, ensanglantée pour avoir raclé le mur et en état de choc. Après hospitalisation et traitement psychiatrique, elle a été licenciée avec indemnité. Conséquences communicationnelles internes : il a fallu, tout en ménageant la réputation de la dame, expliquer que le DG n'est pas un satyre terrorisant les femmes. Mais si elle était tombée : mort accidentelle, ambulance, police, reportages sur ce fait divers juteux, enquête policière et judiciaire, accusation au criminel du directeur pour homicide involontaire et poursuites en dommages et intérêts par la famille.

1.2. LES EFFETS ORGANISATIONNELS DE LA CRISE

Une crise n'éclate jamais sans perturber, parfois durablement, la vie des organisations, au point que certaines ne s'en remettent jamais. Ces perturbations se font sentir dès la première phase de la crise.

Éclatement de la notion de « silo »

Brutalement, chacun est expulsé de son « silo », c'est-à-dire de son environnement immédiat, de son petit monde familier, de son train-train quotidien. On se voit forcé de faire face à l'imprévu, de prendre des décisions inhabituelles. Il faut travailler en étroite collaboration avec des intervenants membres d'une autre organisation : policiers, secouristes, pompiers, inspecteurs de l'environnement qui baignent dans une autre culture organisationnelle, ont d'autres façons d'envisager et de faire les choses et parfois n'utilisent pas le même vocabulaire. Souvent le choc est rude, exige des efforts d'adaptation ; parfois il conduit à une incapacité de travailler ensemble et de régler correctement la crise.

Aplatissement de la pyramide hiérarchique

Dans de nombreux cas de crises, notamment dans le cas des crises techniques et accidentelles, ce sont les employés de première ligne qui sont les premiers avertis et qui sonnent l'alerte. Ce sont eux qui peuvent arrêter le courant, bloquer la production, déclencher les mécanismes d'urgence. Ils savent comment le faire et, dans bien des organisations, ils ont suivi des formations et procèdent à des exercices réguliers. Dans les faits, bien des crises sont réglées par les subalternes agissant de leur propre chef avant même que les cadres soient avisés au point de prendre parfois des décisions discutables.

▸ Un camion d'encres d'imprimerie rentre à l'usine un vendredi soir dans la campagne française. Dans un virage, un récipient contenant des pigments rouges tombe sur la chaussée ; il se met à pleuvoir dans la nuit et le samedi matin, un éleveur de canards situé en contrebas constate avec horreur que, dans son bassin en béton alimenté par l'aqueduc municipal, tous ses canards sont rouges. Sans réfléchir, il appelle l'usine de filtration pour se plaindre que l'eau est rouge. Sans réfléchir non plus, le technicien assurant la permanence le week-end décide de couper l'eau. Résultat : la population de cette localité est restée 36 heures sans eau courante !

Perte de statut des cadres

Il est assez courant que seuls les employés de première ligne possèdent l'expérience et la technique pour régler matériellement la crise, reléguant leurs cadres au rôle de simples spectateurs. D'autant plus que certains de ces cadres, habitués à ne prendre que des décisions administratives, se trouvent complètement désemparés et incapables d'actions logiques et concertées, ou prennent des décisions inopportunes, ne sont pas obéis, ou estiment qu'il vaut mieux laisser l'initiative aux techniciens de terrain.

Apparition de la rumeur

La rumeur peut être à l'origine de la crise. Elle peut aussi naître de la crise qu'elle contribue à aggraver ou, à tout le moins, dont elle peut gêner le règlement. La rumeur peut avoir comme cause une fausse nouvelle colportée de bouche à oreille, une vraie nouvelle exagérée et amplifiée, l'absence de nouvelle provoquant l'angoisse puis la panique, les craintes, phobies, haines religieuses ou racistes, le besoin de défoulement, le caractère communicatif de la peur ou de la colère, les déclarations de ceux qui en tirent profit. Il est impératif de démentir immédiatement toute rumeur et de rétablir les faits.

Effet d'amplification

Pendant le déroulement de la crise, certains aspects, certains faits ou certaines déclarations peuvent être soulignés de façon particulière par les médias pour diverses raisons (ils n'ont rien d'autre à montrer; c'est nouveau ou spectaculaire). Cet aspect, ce fait ou cette déclaration prend alors une importance disproportionnée par rapport à l'événement lui-même, au point que la représentation publique de la crise s'en trouve faussée, ce qui peut avoir des conséquences imprévisibles.

▸ Pendant la fameuse crise du verglas de janvier 1998 au Québec, la télévision a diffusé l'entrevue d'une jeune femme réfugiée dans un centre d'hébergement qui se plaignait de ne pas avoir de couches pour changer son bébé. Information reprise par d'autres médias. D'où l'impression parmi le public que les centres d'hébergement et d'accueil manquaient du nécessaire et que l'on nageait en pleine improvisation. D'où aussi un afflux de couches pour bébés offertes par la population au point que les responsables des centres d'hébergement ne savaient plus quoi en faire!

Perte de réputation

Études et exemples récents montrent que la valeur et l'efficacité d'une organisation sont en grande partie fondées sur sa réputation et l'image publique, maintenant considérées comme faisant partie des actifs les plus précieux. Toute crise mal gérée sur le plan communicationnel peut provoquer une baisse de la confiance des clients, des fournisseurs, des investisseurs et des employés.

▸ Andersen, une multinationale de l'audit comptable chargée de vérifier les comptes d'Enron, a fermé les yeux sur les manipulations dont s'est rendue coupable cette compagnie. Plus grave: elle a détruit des centaines de documents compromettants dès qu'Enron a fait faillite. Résultat: les dirigeants d'Andersen se sont retrouvés devant les tribunaux américains pour entrave à la justice et, en juin 2002, le cabinet a dû fermer les portes de tous ses bureaux dans le monde.

Toute crise entraîne un dysfonctionnement organisationnel.

1.3. LES DIFFÉRENTES PHASES DE LA CRISE

Bien entendu, le tsunami du 26 décembre 2004 n'a été précédé d'aucun signe avant-coureur. Mais, dans bien des cas, la crise couve depuis quelque temps, il y a des indices qui permettent de penser que « ça va éclater un jour ! ». Puis la crise éclate, se développe, régresse et est réglée. On distingue donc plusieurs phases.

Les préliminaires

Une entreprise qui perd des marchés, des émanations de gaz qui durent depuis plusieurs jours, des employés qui s'attroupent au lieu de demeurer à leur poste de travail, un conducteur de camion surpris en état d'ébriété à plusieurs reprises, etc., sont autant d'indications que quelque chose va mal quelque part. Ces indices ne sont peut-être connus que d'un petit groupe de personnes ; c'est leur responsabilité d'aviser la haute direction. Toutefois, bien des crises éclatent car, justement, ceux qui devraient sonner l'alerte ne le font pas.

- En mai 2000, à Walkerton, en Ontario, neuf personnes au moins sont mortes pour avoir bu de l'eau du robinet impropre à la consommation. L'enquête a révélé que les responsables de l'usine municipale de traitement de l'eau connaissaient la présence de la bactérie E. coli. Non seulement n'ont-ils rien fait pour rendre l'eau potable, mais ils n'ont averti personne de la situation.

La crise aiguë

Dans les crises graves, on peut même distinguer plusieurs phases aiguës. Par exemple :

- jour 1 : la crise éclate et on prend des mesures d'urgence pour parer au plus pressé ;
- jour 2 : la situation s'aggrave et on arrive à mettre en place un plan d'action concerté ;
- jour 3 : les difficultés se résorbent mais la situation demeure critique.

▸ À Walkerton, après deux ou trois décès, la crise a éclaté : alerte de la part du corps médical, nouveaux décès, interdiction de boire l'eau du robinet, arrivée des médias, alimentation en eau potable par camion-citerne, attribution de tous les décès survenant dans cette municipalité à la bactérie E. coli, protestations populaires, interpellation des autorités, mise en doute de l'efficacité du contrôle de la qualité de l'eau, dénonciation de la pratique de l'épandage des lisiers sur les terres, inquiétude dans l'ensemble du territoire canadien.

La crise chronique

La crise chronique a ceci de dangereux qu'elle finit par provoquer, au-delà de la lassitude et de ses effets, un sentiment d'accoutumance et de fatalisme. En Europe, pendant la guerre de 1939-1945, on s'était habitué à la présence d'une force armée étrangère, au manque de nourriture, au couvre-feu, aux bombardements, à la violence et à la peur. À Londres, par crainte des bombes allemandes, les gens avaient pris l'habitude d'aller tous les soirs se coucher dans les stations de métro. L'état de crise chronique devient la normalité. Dans les hôpitaux canadiens et plus particulièrement québécois, les services d'urgence sont en état… d'urgence chronique : malades entassés dans les corridors, personnel médical et infirmier continuellement débordé et courant au plus pressé, longues heures de travail, fatigue excessive, manifestations de mauvaise humeur, dégradation des soins et, parfois, erreurs de diagnostic. À certaines périodes, on a vu les médias publier presque tous les jours le nombre de patients en trop dans les hôpitaux, un peu comme ils annoncent les prévisions de la météo.

▸ Quand, le 5 janvier 1998, une pluie verglaçante est tombée sur le Québec, on a cru à une intempérie ordinaire. Sauf que le jour suivant, il pleuvait toujours et tout le sud de la province était recouvert d'une couche de glace de neuf centimètres d'épaisseur. Les pylônes électriques se sont affaissés et les lignes, rompues ; les arbres et les poteaux jonchaient les trottoirs et les chaussées ; la circulation est devenue quasi impossible. Des toitures chargées de neige, d'eau et de glace se sont effondrées ; d'énormes blocs de glace se détachaient du haut des gratte-ciel de Montréal. Il a fallu fermer les écoles, les bureaux et les usines, interdire l'entrée de la métropole et le passage des piétons dans les rues du centre, faire appel à l'armée et à l'aide étrangère, sortir de force les gens de leur maison sans électricité ni chauffage pour éviter qu'ils meurent de froid, ouvrir des centres d'hébergement, distribuer des génératrices de secours aux cultivateurs pour maintenir le bétail en vie. Au plus fort de la crise, 1 500 000 foyers étaient privés d'électricité ; il y en avait encore 250 000 deux semaines plus tard. À la fin de janvier, Hydro-Québec procédait encore à des coupures de courant de délestage.

La cicatrisation

Une fois la crise réglée, il faut reprendre le cours normal des choses. Mais une crise laisse toujours des séquelles à l'interne comme à l'externe, séquelles qu'il faut faire disparaître. Il est donc indispensable de procéder à une analyse des causes, des circonstances, de la manière dont la crise s'est déclenchée, de l'efficacité des actions prises ; il faut évaluer les dommages puis prendre un certain nombre de mesures :

- faire disparaître les irritants et corriger les anomalies ayant été des facteurs de déclenchement ou d'amplification ;

- apporter une aide matérielle ou psychologique (ou les deux) aux victimes et aux témoins;
- accorder du repos aux artisans du règlement et reconnaître leur contribution;
- rechercher les responsabilités et, éventuellement, sanctionner;
- réparer le matériel et les équipements endommagés;
- indemniser ceux qui ont subi des pertes;
- préparer les actions en justice s'il y a lieu;
- entreprendre un programme de communication interne et externe.

1.4. LA GESTION DE CRISE ET LA GESTION DES COMMUNICATIONS DE CRISE

On ne peut pas entreprendre de régler matériellement la crise sans appliquer en même temps un plan de communication. Il faut savoir non seulement quoi faire, mais aussi quoi dire.

Quoi faire ?

Gérer une crise, c'est entreprendre toutes les actions susceptibles de la régler matériellement. Si un navire laisse échapper du pétrole lourd dans le Saint-Laurent, gérer la crise consistera à amener sur les lieux les équipes d'urgence dans un minimum de temps, obturer la fissure dans la coque, entourer la nappe de pétrole d'estacades pour éviter qu'elle dérive, pomper tout le pétrole possible, neutraliser ce qu'on ne peut pas pomper avec des produits spéciaux, nettoyer les berges, puis enquêter sur les causes du déversement, prendre les mesures pour éviter le retour de tels accidents, dédommager les victimes, etc.

Quoi dire ?

Gérer les communications de crise, outre les communications internes entre le capitaine du navire, les équipes d'urgence et les autorités concernées, c'est renseigner la population par l'entremise des médias sur le déversement lui-même, le tonnage de pétrole déversé, l'étendue de la nappe, la direction du courant, les lieux déjà pollués, le travail des équipes d'urgence et les résultats obtenus ou escomptés. Plus tard, il faudra informer le public sur le déroulement de l'enquête, les causes de l'accident, la responsabilité des organisations et des individus impliqués, l'étendue des dommages.

La gestion des communications de crise doit porter sur deux aspects.

L'information

À chaque phase de la crise, le besoin d'information est immense de la part des acteurs, des intervenants, des victimes et du public en général. Par solidarité humaine, intérêt personnel ou simple curiosité, on veut savoir où l'on en est, qui est impliqué, quoi faire, quels sont les causes et les effets. Les informations jouent un rôle déterminant sur le déroulement de la crise. Selon leur nature et la manière dont elles sont livrées, elles peuvent rassurer, calmer et réduire les effets de la crise ou, au contraire, accélérer, aggraver et alarmer.

La médiatisation

Il y aura médiatisation si la crise touche le grand public, si elle tombe dans un sujet d'actualité, si elle survient à proximité à la fois géographique et temporelle, s'il y a des victimes, si l'organisation en crise est importante et connue, si la crise fait suite à une série d'événements précurseurs, s'il y a des rumeurs, incertitudes, informations et déclarations contradictoires ou suscitant le doute et l'inquiétude. Il y a presque toujours médiatisation !

En cas de crise, les journalistes sont omniprésents. Souvent, ce sont eux qui révèlent un fait et qui déclenchent une crise. Leur seule présence lors d'une manifestation peut inciter les protestataires à commettre des actions spectaculaires. Ils arrivent souvent sur les lieux d'une catastrophe avant la police et les équipes de secours. Si la crise est grave, ils vont camper sur place. En privilégiant tel ou tel aspect de la crise, ils peuvent influer sur son déroulement.

▸ En 1997, dans la petite ville de Coaticook, au Québec, quatre adolescents de la même école secondaire se sont suicidés. Les journalistes se sont précipités sur les lieux, avides de sensationnel. Le président de la commission scolaire de la ville me racontait: «Ils rôdaient dans la ville comme une meute de loups, cherchant à interviewer les camarades, les parents et les voisins, s'introduisant dans la cour de l'école...» À un point tel que la population ulcérée leur a jeté des boules de neige et des œufs.

La couverture médiatique dépend de la nature de la crise (il est difficile de faire des images sensationnelles avec la baisse du dollar canadien ou de l'euro), de son envergure, de sa cause et de ses effets, du moment et du lieu où elle se déroule, de la qualité des victimes et de la notoriété des individus et des organisations en cause.

À chaque phase de la crise doit correspondre une communication particulière. À titre indicatif seulement, chaque situation étant particulière:

- jour 1: compassion, état des victimes, exposé des faits, mesures immédiates;
- jour 2: de nouveau compassion, nouvelles des victimes, la situation actuelle, actions entreprises et résultats, enquête;
- jour 3: nouvelles des victimes, bilan des pertes, résultats de l'enquête, mesures correctives, etc.;
- ultérieurement: bilan final, annonce des mesures correctives, plan de communication interne pour remotiver les employés et redynamiser les services et plan de communication externe pour redorer l'image publique de l'organisation.

Gérer une crise et gérer les communications de crise sont inséparables.

2. LA PRÉVENTION ET LA GESTION DES CRISES

Les organisations devraient se préparer au cas où elles seraient le théâtre d'une crise afin de ne pas être prises au dépourvu. Ce qu'elles ne font pas toujours.

▸ Dans la nuit du 1er avril 1987, à Murdochville, en Gaspésie, un incendie coince une trentaine de mineurs à plusieurs centaines de mètres sous terre à la mine de la Gaspé Copper Mines. Quand les dirigeants du siège social sont arrivés par avion au petit matin, il y avait déjà 72 journalistes sur les lieux, dont les reporters de tous les médias nationaux canadiens et américains. Rien n'avait été prévu pour les recevoir : ils allaient partout, filmaient tout et interviewaient tout le monde ; ils avaient même cherché à descendre dans la mine. Il a fallu improviser : interdire l'accès à la mine, rassembler les journalistes, leur attribuer un local muni de tables, de chaises, de téléphones et de machines à écrire et mettre à leur disposition un porte-parole officiel afin de les alimenter en informations fiables. Les opérations de secours se sont finalement bien déroulées : tous les mineurs sauf un ont été sauvés.

Les mesures de prévention reposent en grande partie sur la communication.

2.1. LA CONSTITUTION ET LA LOGISTIQUE D'UNE CELLULE DE CRISE

Toute organisation un tant soit peu importante doit se doter d'une cellule de crise. Habituellement, on trouve dans toutes les usines un manuel des mesures d'urgence et des équipes d'urgence entraînées pour faire face aux catastrophes éventuelles entrant dans le cadre des activités normales de l'entreprise : explosions, incendies, électrocutions, déversements toxiques, etc. Ce n'est pas suffisant, car ces équipes n'ont absolument aucune compétence pour toutes les autres sortes de crises et les contremaîtres qui les dirigent n'ont aucune qualification pour traiter les aspects communicationnels.

La cellule de crise doit comprendre de cinq à dix personnes ayant la compétence et l'autorité pour prendre des décisions et négocier au besoin avec les pouvoirs publics. Chaque membre doit avoir un substitut pour le cas où le titulaire serait en congé de maladie ou en vacances. La cellule de crise doit aussi comprendre un porte-parole et du personnel de soutien pour assurer les communications avec les médias. Ce porte-parole doit avoir un suppléant et tous deux doivent recevoir une formation adéquate. Recueillir les informations et les communiquer de manière efficace, trouver les arguments pour informer et rassurer les divers publics concernés, tout cela devient aussi important que de gérer matériellement la crise. La même personne ne peut à la fois gérer efficacement la crise et en gérer efficacement les communications.

2.2. LES TRAVAUX PRÉVENTIFS

Une fois la cellule de crise constituée, elle doit engager un certain nombre d'actions qui permettront d'éviter le déclenchement d'une crise ou, du moins, de la gérer efficacement.

Dresser la liste des risques endogènes et exogènes

En se reportant à la typologie des crises, il faut identifier les risques de crise, tant à l'intérieur (risques endogènes) qu'à l'extérieur (risques exogènes). Ne pas se limiter aux crises potentielles découlant de l'activité normale de l'entreprise. Faire l'estimation de ces risques: probabilité, fréquence, ampleur. Faire également l'estimation de l'efficacité des mesures de précaution, de l'état de préparation des personnes chargées de les appliquer et du bon fonctionnement des équipements (extincteurs, sorties de secours, barrières antivirus électroniques, etc.). Entreprendre les actions nécessaires pour renforcer les mesures de précaution et réduire les risques.

Établir des argumentaire modèles

Pour chaque catégorie de crise possible, déterminer À QUI il importe de vous adresser : les employés et leur famille, les autorités, le grand public, les partenaires, etc. Pour chaque catégorie de récepteurs, il faut fixer un objectif comme informer, rassurer, gagner du temps. Établir un argumentaire tenant compte des intérêts, des besoins, des attentes, des espoirs de ces divers auditoires. Le moment venu, vous pourrez toujours utiliser cet argumentaire en l'adaptant aux circonstances.

Se mettre en état de veille constante

À l'interne, sans tomber dans l'« espionnite », toute direction devrait avoir des personnes contact dans les divers services afin de déceler les « signaux faibles » (gêne, lassitude, malaise, mécontentement) perceptibles chez un individu ou un groupe. De même, l'examen régulier des rapports issus des différents services devrait permettre de repérer les anormalités et les irritants. Les consultants de l'extérieur, n'étant pas pris par votre quotidien, n'étant pas mêlés aux luttes de pouvoir ni aux conflits de personnalités, apportant leur objectivité et leur expérience, peuvent découvrir certaines anormalités que vous ne voyez plus car « les arbres vous cachent la forêt ». À l'externe, l'analyse des crises survenues ailleurs (leurs causes, leur déroulement, la manière dont l'organisation s'en est sortie tant sur le plan matériel que sur le plan communicationnel), devrait donner d'utiles indications. Par comparaison, vous pourrez estimer votre propre degré de préparation, prendre conscience de votre vulnérabilité dans certains domaines et relever des indices de crises potentielles qui ne vous avaient jamais frappé auparavant. Au besoin, la direction pourrait demander au personnel de remplir des questionnaires afin de déceler les anormalités et les irritants, tant à l'interne qu'à l'externe.

Stopper les préliminaires

Dès les premiers indices de crises potentielles, vous devrez trouver des solutions pour éliminer les anormalités et les irritants, contrer les facteurs d'accélération (retards, négligences, manques, excès d'autorité, communications défectueuses), neutraliser les acteurs qui, par leur attitude, leurs déclarations, leurs actes, peuvent aggraver une situation. Il vous faudra aussi démentir immédiatement les rumeurs qui comblent un manque d'information et de transparence, mais placent le groupe dans une situation schizophrénique propice à toutes les dérives, trouver une solution globale et l'évaluer.

Préparer le bottin des intervenants

Vous devez préparer à l'avance le bottin des intervenants actifs dans la gestion de la crise, la liste des actions à entreprendre pour gérer divers types de crises, la liste des argumentaires modèles pour ces divers types de crises, l'inventaire des moyens de communication, les données de base sur l'organisation (autres que le rapport annuel) à remettre aux journalistes couvrant la crise pour qu'ils aient une image exacte de sa mission, de ses productions, de l'importance de ses opérations et de son personnel, une liste de presse à jour.

Sensibiliser le personnel

L'une des causes fréquentes de crise est le fait que le personnel, de bas en haut de l'échelle hiérarchique, fait preuve de négligence ou de « je-m'en-foutisme ». On se dit : « Oh ! C'est pas grave, on a vu pire »... « J'm'en mêle pas »... « C'est pas à moi à prendre cette responsabilité »... « Qu'ils se débrouillent ! ». Avec le résultat que nous avons vu à Walkerton : un employé signale une anomalie, son rapport tombe sur le bureau du contremaître qui ne peut pas prendre de décision de son propre chef, l'ingénieur n'est pas là, c'est dimanche et il n'y a personne au siège social. Bref, l'avertissement est tombé dans le grand ventre mou de l'organisation où il s'est irrémédiablement perdu. L'inertie individuelle engendre l'inertie organisationnelle.

▸ Le 12 février 1998, une chute de neige exceptionnelle a recouvert toute la région parisienne. Elle était prévue depuis 24 heures et les services de la météo avaient lancé plusieurs avertissements. Personne ne s'en est alors soucié, ni dans les services publics ni dans les entreprises privées. Le lendemain matin, tout le monde est parti au travail comme d'habitude. Résultat : 350 kilomètres de bouchons sur les routes. Des dizaines de milliers de véhicules sont bloqués, des milliers de gens passent la journée puis la nuit dans leur voiture, sans parler des centaines de blessés dans les collisions. La leçon n'a pas porté : la même situation ou à peu près s'est répétée le 4 janvier 2003.

La gestion des communications de crise doit commencer avant la crise.

3. LA GESTION MATÉRIELLE DE LA CRISE

Des crises surviennent ou se prolongent, des quasi-crises se transforment en crises véritables parce que les dirigeants ont pris de mauvaises décisions. Ils n'ont pas appliqué le système **GAR** de mon confrère et ami Denis Frenette[2].

- **G = GAIN** : Quel est le but que je poursuis ? Quel est le bénéfice ou l'avantage que je recherche ?
- **A = ACTIONS** : Quelle est l'action que je dois entreprendre pour atteindre ce but, pour gagner ce bénéfice ?
- **R = RESSOURCE** : Quelle est la ressource que je dois utiliser pour entreprendre et réussir cette action ?

2. Denis FRENETTE, conseiller en gestion. PDG de Productivité 3, firme spécialisée dans le *coaching* des dirigeants débordés de travail.

Bien des gens agissent dans la précipitation, surtout quand les choses vont mal ! Au lieu d'appliquer le système GAR, ils appliquent le système RAG, c'est-à-dire qu'ils procèdent à l'envers du bon sens : ayant une ressource disponible, ils s'en servent pour entreprendre une action en espérant ainsi obtenir le gain convoité. Avec de la chance, parfois, ça marche ; souvent ça ne fonctionne pas.

▸ Je dois utiliser un mode de transport (la ressource) pour aller à Québec (l'action) participer à une offre de service et j'ai de grandes chances d'obtenir le contrat (le gain). J'ai le choix entre plusieurs ressources : ma voiture, l'autobus, le train ou l'avion. Je choisis la voiture parce que j'aime conduire et qu'avec elle je suis plus mobile et maître de mes horaires. Sur l'autoroute, je suis bloqué par une tempête de neige ou un gros accident. Conséquence : je suis obligé d'attendre plusieurs heures dans ma voiture et peut-être même de me réfugier dans un motel. Je me suis trompé de ressource. Je suis incapable de me rendre à Québec, donc de réaliser l'action nécessaire. Enfin, je ne peux rencontrer mon client potentiel qui, en mon absence, a choisi un de mes concurrents. Je rate donc mon gain.

Régler les quasi-crises

Quand les incidents de production se répètent, quand il y a des difficultés administratives intolérables, quand des rivalités stériles opposent des services connexes, quand des membres du personnel provoquent des drames, il faut régler la quasi-crise à l'interne (on parle souvent de *crise interne)* avant qu'elle ne dégénère, handicape gravement la marche de l'organisation et débouche sur une véritable crise publique. Pour obtenir la coopération des services, des groupes, des syndicats concernés et l'engagement des individus :

- établir des contacts avec les acteurs clés pour les sensibiliser, gagner leur confiance et leur adhésion ;
- convoquer une réunion de résolution de problème pour…
  - préciser et cerner le problème ;
  - imaginer des solutions à bénéfices mutuels ;

- trouver les ressources humaines et matérielles pour la mise en œuvre des solutions ;
- appliquer les solutions.

Gérer la crise

L'état de préparation et la rapidité d'action sont les deux facteurs de réussite. Voici la séquence des actions matérielles et communicationnelles à mettre en œuvre lorsque la crise se déclenche.

- *Réunir la cellule de crise*. Le quartier général de la cellule de crise devrait être installé dans un édifice facile d'accès, qui soit muni de tous les moyens de communication utiles et qui ne puisse pas constituer une entrave aux actions matérielles ni être gêné par elles. On aura prévu un lieu de réunion de secours au cas où le premier serait inaccessible à cause d'un incendie, d'une inondation, d'une occupation par des grévistes, etc.
- *Mettre en œuvre les mesures d'urgences.* La cellule de crise doit avoir en sa possession tous les dossiers concernant les mesures d'urgence, les argumentaires modèles ainsi que le bottin des intervenants. Prévoir des doubles et une copie papier stockés ailleurs pour le cas où les locaux et l'équipement informatique habituels seraient inaccessibles. Un membre de la cellule de crise sera affecté à la tenue d'un livre de bord pour se référer aux mesures déjà prises. Après la crise, ce livre de bord servira de document de référence.

4. LA GESTION DES COMMUNICATIONS DE CRISE

Simultanément aux actions entreprises et accomplies pour gérer matériellement la crise, il est nécessaire d'en gérer les aspects communicationnels.

- *Organiser les communications.* Le porte-parole de l'organisation, ses suppléants et ses adjoints formeront un bureau des communications distinct de la cellule de crise proprement dite, en liaison constante avec le quartier général, centralisant l'information, choisissant les moyens de communication les plus efficaces (chaîne téléphonique, assemblées, communiqués, points de presse), aménageant un local pour la presse.

- *Établir la liste des récepteurs.* Entre autres: les intervenants actifs dans la gestion de crise, les victimes directes et indirectes, les employés et leur famille, les dirigeants syndicaux, les partenaires institutionnels, les autorités civiles, la population environnante et le public.
- *Déterminer les objectifs*. En fonction de la nature de la crise et des enjeux.
- *Bâtir un argumentaire*. En tenant compte des intérêts, des besoins, des attentes, des préjugés, de la connaissance antérieure du sujet, des préjugés, des récepteurs ciblés et en s'inspirant des argumentaires modèles préparés à l'avance.
- *Communiquer aux différents publics les informations pertinentes.* Entre autres: les actions entreprises, l'évolution de la situation, les conséquences de la crise, etc.
- *Éviter la chronicité et cicatriser.* Pour mémoire (voir plus haut, La cicatrisation). Mettre la solution en pratique, publiciser la solution, mesurer les effets de la solution, réparer les dommages – indemniser les victimes, récompenser, réorganiser, faire un compte rendu critique avec les intervenants, faire un bilan, rédiger un rapport.

5. LES RÈGLES DE LA COMMUNICATION DE CRISE

Les exemples cités tout au long de cet ouvrage prouvent que les maladresses, voire les erreurs fatales dans les communications de crise sont monnaie courante et bien des dirigeants d'organisation en ont payé le prix longtemps. C'est que la plupart d'entre eux, ainsi que les publicitaires et les relationnistes qui les conseillent, sont des spécialistes de la communication promotionnelle et non de la communication de crise, qui en est presque l'opposé, qui ne fait pas partie de leur culture et pour laquelle ils ne sont pas formés.

5.1. LES DIFFÉRENCES ENTRE COMMUNICATION DE CRISE ET COMMUNICATION PROMOTIONNELLE

En schématisant, on peut dire que la communication promotionnelle consiste à offrir ou à vendre un produit, un service, un environnement ou des idées présentés comme parfaits et dont on vente les mérites et les qualités à un public ou à des consommateurs réels, supposés ou existants, généralement passifs, moyennement intéressés, voire désabusés, en utilisant les médias comme supports neutres et en tablant sur l'excellente réputation de l'organisation qui est à l'origine de ces produits, services, environnement ou idées.

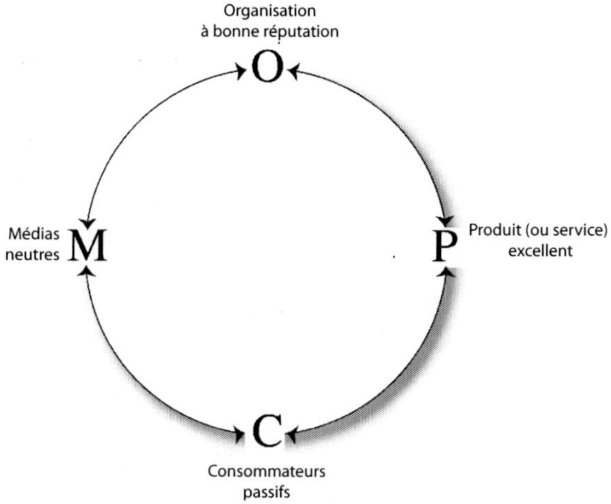

Mais, en cas de crise, la situation est inversée. Le produit s'est avéré mauvais, le service défectueux, l'environnement insalubre, les idées néfastes ou leurs auteurs ont commis des abus. Des consommateurs en ont été victimes, le public en général devient inquiet et se solidarise avec les victimes. Les médias, de neutres qu'ils étaient, deviennent agressifs, dénoncent les abus et montrent les victimes. L'image publique de l'organisation est ternie, sa réputation tombe.

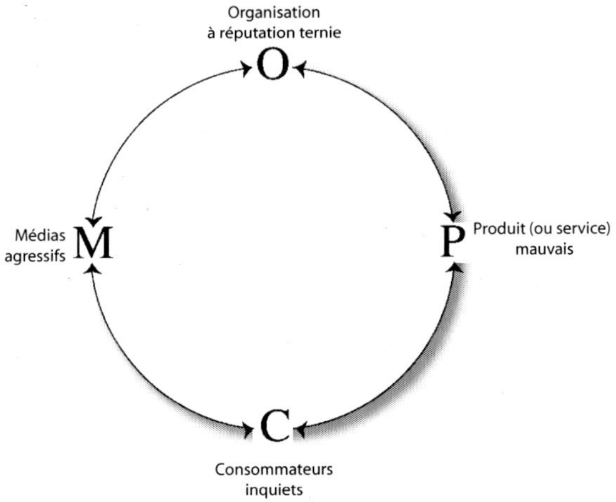

La gestion des communications de crise consiste alors à publiciser les mesures prises pour régler matériellement la crise, calmer les victimes, faire disparaître l'anxiété du public et… neutraliser les médias. Avec comme objectif ultime de rehausser l'image publique de l'organisation dont la réputation a été ternie et de rétablir la confiance en elle et en ses produits ou services.

De nombreuses organisations, quand une crise les touche, ont des réactions négatives : refus de communiquer (Aucun commentaire !), dissimulation et mensonge (C'est de la calomnie, c'est faux !), minimisation et relativisation (C'est un incident sans gravité, c'est la première fois que ça arrive !), rejet de la responsabilité sur les autres (C'est pas nous… C'est eux !), justification par amalgame (Les autres le font aussi !).

5.2. LA COMPOSITION DES ARGUMENTAIRES

Les dirigeants confondent souvent QUI et À QUI. Ils ont beaucoup de difficulté à trouver les arguments qui vont satisfaire les victimes de la crise et le public en général ; ils espèrent les convaincre en exposant les arguments qui les concernent, eux et leur organisation, et non les arguments qui concernent les victimes et le public. En règle quasi générale, les dirigeants d'organisations pensent « maison », alors qu'ils devraient plutôt penser « public ».

▸ Un organisme public de sécurité sociale se voit contraint d'augmenter les contributions. Les arguments habituels sont : « Nous n'avons pas le choix car les caisses sont vides : les frais d'administration ont augmenté, les cotisations sont demeurées les mêmes depuis dix ans, les bénéficiaires sont maintenant plus nombreux et les compensations financières sont plus élevées... » Bien entendu, le public proteste, car :

- il n'est pas responsable de la mauvaise gestion de l'organisme ;
- de même, il n'est pas responsable du fait que les dirigeants de l'organisme n'ont pas su prévoir les augmentations des dépenses, du nombre de bénéficiaires et de prestations ;
- le public est composé de contribuables qui ont le sentiment d'être pressés comme des citrons.

L'argumentaire devrait être : « Les bénéficiaires ont droit aux mêmes prestations et compensations. Pour les maintenir aux mêmes niveaux, les cotisations de chacun devront être augmentées. »

5.3. L'ÉTABLISSEMENT DE LA CRÉDIBILITÉ

On l'a vu, dès qu'une crise de quelque importance éclate, elle est automatiquement médiatisée. Pour les dirigeants de l'organisation en crise, le grand défi est de convaincre ses partenaires et le public qu'elle est désolée, ensuite qu'elle assume ses responsabilités et enfin qu'elle a pris toutes les mesures pour remédier à la situation. L'objectif étant toujours de rehausser son image publique ternie et de rétablir sa réputation entachée, il faut que l'organisation et ses porte-parole soient crédibles.

Voici les résultats d'un sondage d'opinion effectué par l'Université du Québec après la crise du verglas de janvier 1998.

Taux de crédibilité accordé aux acteurs sociaux et politiques

Autorités politiques	3,3 %
Dirigeants de l'organisation	18,7 %
Police, armée et sécurité civile	19,2 %
Médias	**48,2 %**

En période de crise, le public accorde donc beaucoup plus de crédibilité aux reportages et aux comptes rendus des médias qu'aux déclarations des dirigeants de l'organisation concernée. D'où l'importance de soigner vos communications externes puisqu'elles sont relayées par les médias et de respecter un certain nombre de règles de base.

Voici les résultats d'un autre sondage effectué au printemps 2002 et portant sur la crédibilité accordée aux différents médias par le public canadien :

Taux de crédibilité accordée aux différents médias

Internet	9 %
Radio	13 %
Presse écrite	30 %
Télévision	**50 %**

5.4. LES « *MUST* » DE LA COMMUNICATION DE CRISE

L'initiative

Il vaut mieux être proactif et prendre l'initiative plutôt que de la laisser aux médias et être constamment réactif. En diffusant vous-même votre information avant que les médias ne vous posent des questions, vous évitez de paraître sur la défensive. Les journalistes vous sauront gré de mettre les informations indispensables à leur disposition ; ils en seront sans doute moins soupçonneux et agressifs. En outre, vous éviterez la propagation de rumeurs qui, répétées, finissent par devenir des vérités.

La compassion

Quand il y a crise, il y a toujours des gens qui ont perdu de l'argent, qui ont été abusés, spoliés, licenciés, intoxiqués, blessés, bref, qui souffrent. Or, l'image de la souffrance provoque toujours la compassion. L'un des meilleurs moyens de provoquer la réprobation est de rester insensible à cette souffrance et de se préoccuper uniquement des intérêts étroits de l'organisation pourtant à l'origine de la crise.

Il faut donc que l'organisation fasse preuve de compassion : excuses, regrets, condoléances doivent figurer en tête de l'argumentaire. Quelles que soient les premières questions des journalistes, il faut résister à l'envie d'y répondre et faire une déclaration liminaire exprimant votre compassion. Attention cependant : les excuses et les regrets risquent d'être interprétés comme l'admission implicite d'une quelconque responsabilité. Vos avocats, partisans du « n'avouez jamais » et qui, de ce fait, sont de piètres conseillers en communication, vont vous interdire formellement de dire quoi que ce soit. Ne les écoutez pas, faites preuve de compassion, mais il y a la manière : « Nous sommes désolés de ce qui est arrivé à cette personne… Cette tragédie nous touche profondément… etc. »

Dans les cas graves, vous devrez établir un lien de communication direct avec les victimes ou les familles des victimes afin de les tenir personnellement au courant du déroulement de la crise. Les victimes ont besoin d'être prises en compte et parfois en charge le plus vite possible; elles ont un besoin insatiable d'information. Il faut répondre à ces besoins.

La transparence

Dire toujours la vérité est une obligation. Chaque fois qu'une organisation a menti, que ce soit directement ou par omission, elle en a souffert. Reconnaître ses responsabilités n'est pas facile, mais une fois cela fait, on peut passer à l'action positive et le dire. Il faudra, ainsi qu'on l'a souligné plus haut, se garder de refuser de répondre, de donner son opinion personnelle, de se lancer dans des hypothèses, de faire des suppositions, de donner des réponses approximatives, de parler à la place des autres.

On doit donner les informations factuelles indispensables: *l'événement* (date, heure, lieu, les causes connues); *les effets réels et prévisibles* (sur la population, les biens, l'organisation, l'environnement, en évitant les excès de pessimisme ou d'optimisme); *les actions* (qui intervient, la nature des interventions, les résultats obtenus ou escomptés). Attention: il faut respecter l'anonymat des personnes décédées tant que les familles ne sont pas prévenues, des victimes d'agression (enlèvements, viols, etc.) et des suspects non encore accusés.

La compétence

La compétence, en matière de communication de crise, c'est...

- *La cohérence.* Diffuser une information uniforme; veiller à ce que personne ne véhicule un message contradictoire; éviter les jugements de valeur, les opinions et les hypothèses; former les employés à ne jamais sortir de leur champ de compétence et de responsabilité.

▸ Il y a quelques années, à la suite d'une explosion dans une usine de la région de Montréal, explosion ayant fait trois morts, tout le personnel avait été évacué. Parmi les ouvriers qui étaient massés sur le trottoir d'en face, l'un d'eux a déclaré à la télévision : « Je l'savais qu'ça allait exploser. J'leur avais dit. Ils ont jamais voulu m'croire ! »

- *La crédibilité*. Les porte-parole désignés doivent être crédibles par leur représentativité, leur comportement, leur habileté communicationnelle, la nature des informations diffusées.
- *L'efficacité des porte-parole*. Les porte-parole doivent être choisis en fonction de leurs aptitudes communicationnelles mais aussi de leur crédibilité naturelle. En cas d'accident industriel, le directeur de la fabrication aura plus de crédibilité que le directeur des communications. Ainsi qu'on l'a dit plus haut, il convient de préserver la crédibilité du président-directeur général ou du ministre en le réservant pour les occasions solennelles, lorsque la situation est grave au point d'exiger une intervention de poids ou, à la fin de la crise, lorsque vient le moment de faire le bilan et de tirer une conclusion générale. Porte-parole et substituts doivent recevoir une formation spécialisée afin d'être capables d'établir des argumentaires solides et de communiquer efficacement avec les médias en utilisant toutes les ressources du verbal et du non-verbal.

▸ En septembre 1998, un avion de la Swissair s'est abîmé dans l'Atlantique au large de la Nouvelle-Écosse : 229 morts. Le pilote avait signalé de la fumée dans la cabine de pilotage et des experts consultés par les médias avaient émis l'hypothèse que les gaines des circuits électriques de ce genre d'appareil n'étaient pas suffisamment isolantes. Quelques semaines plus tard, la direction de la Swissair envoie à ses clients de première classe membres de son « Select Travel Club » deux lettres dans lesquelles :

- Elle s'apitoie sur son propre sort : « Swissair traverse actuellement la pire épreuve de son histoire... » ;
- Alors même que l'enquête est en cours, elle rejette les allégations concernant la faiblesse du circuit électrique : « [...] le kapton est un matériau fiable et performant [...] aucune pièce de nylar ou en tedlar retrouvée n'a révélé de trace de chaleur [...] les potentiomètres avaient été inspectés en 1997 » ;
- Elle affirme, sans se rendre compte de la contradiction interne résultant de la non-concordance des temps, que : «[...] nous effectuerons une inspection minutieuse des systèmes [...] à ce jour, cet examen n'a révélé aucune anomalie. »

Les dirigeants de la Swissair s'étaient trompés d'objectif : au lieu de rassurer leurs clients, ils se sont efforcés de se justifier et de rejeter toute responsabilité, ce qui n'est pas propre à rétablir la confiance. Depuis, la compagnie Swissair s'est effondrée et a disparu.

LES DIX COMMANDEMENTS DE LA COMMUNICATION DE CRISE

1. Ne refusez jamais de répondre.

2. Dites toujours la vérité.

3. Ne spéculez jamais sur les causes ou sur les effets d'une crise.

4. Abstenez-vous de toute opinion personnelle.

5. Ne faites aucun commentaire sur les informations déjà obtenues par le journaliste sauf si elles sont fausses.

6. Ne répétez pas les rumeurs ou les informations partielles ou non fondées.

7. Tenez-vous-en aux faits avérés.

8. Ne sortez jamais de votre champ de compétence et de responsabilité.

9. Ne déviez jamais de votre argumentaire préalablement établi.

10. Mettez fin à l'entrevue et allez contribuer au règlement de la crise.

Le secret :

MONTREZ QUE VOUS CONTRÔLEZ LA SITUATION

CONCLUSION

Le sociologue canadien Marshall McLuhan avait, dès 1960, prédit que le monde deviendrait un vaste « village global ». Eh bien ! Avec la mondialisation c'est maintenant chose faite, non seulement dans le domaine de l'économie mais aussi dans celui de la communication. Grâce aux nouvelles technologies et à l'omniprésence des médias, la Terre est désormais une « maison de verre » où tout le monde dit tout, voit tout et sait tout (ou presque) et où tout le monde veut tout dire, tout voir et tout savoir.

La communication est innée et les hommes communiquent depuis que le monde est monde. Elle a pris une telle importance depuis quelques siècles qu'elle est devenue une science avec son principe de base, ses lois et ses règles qu'il faut connaître et ses techniques qu'il faut maîtriser. C'est par la connaissance de ces lois, de ces règles et par l'apprentissage de ces techniques que nous pourrons améliorer nos relations interpersonnelles. Et si nous admettons, comme le postule Henri Laborit, que « la matière vivante évolue toujours de la même façon quel que soit son niveau d'organisation », c'est par la communication que cette évolution pourra se faire et que nous pourrons améliorer les relations entre les peuples et les nations.

Mais le paradoxe de notre société, c'est que, quel que soit le perfectionnement des outils, quel que soit le raffinement des technologies, la communication continue à reposer sur les plus anciens moyens qui soient: la parole et les gestes, l'écriture et la lecture. La parole surtout: il semble que l'on ne se soit jamais tant parlé d'un individu à l'autre, d'un leader à la masse, d'une nation à l'autre. Marshall McLuhan pensait que la communication serait, de toutes les activités humaines, celle qui aurait un jour le plus d'importance, devenant même, pour lui, la principale industrie. Sans aller jusque-là, il est vrai qu'aucune des organisations, quelle qu'elle soit, ne fonctionnerait sans la communication. C'est pourquoi si elles veulent non seulement fonctionner mais, dans un contexte de « village global », survivre, les organisations doivent en respecter les principes, les lois et les règles.

L'omniprésence et l'instantanéité des médias ont créé dans notre société de plus en plus solidaire un besoin de savoir tel que les organisations qui la composent et leurs dirigeants ne peuvent plus échapper à l'attention et à l'examen critique du corps social. En favorisant l'échange d'informations au sein de la société et entre les sociétés, les médias jouent un rôle capital dans l'évolution de l'humanité. Et puisque, toujours d'après McLuhan, le « médium, c'est le message », il est impératif de connaître les médias, leurs motivations, leur fonctionnement et de savoir s'en servir pour le meilleur de nos intérêts individuels et collectifs.

Malheureusement, il ne se passe pas un jour sans que ces médias ne nous annoncent une crise quelconque. Plus la population augmente, plus la société se complexifie, plus notre environnement se modifie, plus les risques de crises augmentent. C'est pourquoi, quels que soient les causes, les lieux et les niveaux d'organisation, nous devons employer toutes les ressources de la communication pour, si possible, prévenir les crises et les régler afin que notre marche en avant puisse se poursuivre de façon harmonieuse. Pour nous, pour les autres et *pour la suite du monde*.

BIBLIOGRAPHIE

AOUN, Joseph. *Gérer les différences culturelles*, Québec, Multimondes, 2004.

AOUN, Joseph. *Le marketing intelligent*, Montréal, Éditions Québécor, 2005.

BARNABÉ, Réal. *Guide de rédaction*, Montréal, Éditions Saint-Martin, 1989.

BAZOGE, Benoît et Paul DELL'ANIELLO. *Comment réussir des présentations managériales percutantes*, Montréal, Guérin universitaire, 1992.

BÉLANGER, Jacques (dir.) *et al. Innover pour gérer les conflits*, Québec, Presses de l'Université Laval, 1996.

BENOÎT, Denis (dir.). *Introduction aux sciences de l'information et de la communication*, Paris, Éditions d'Organisation, 1995.

CHRISTOPHE, Anne. « L'apprentissage du langage, une capacité innée ? », *Intellectica*, fascicule 34, 2002, p. 189-210.

CLERC, Isabelle. *La démarche de rédaction*, Québec, Éditions Nota Bene, 2000.

CLOUTIER, Jean. *L'ère d'EMEREC*, Montréal, Presses de l'Université de Montréal, 1975.

CORPORATION DES CONSEILLERS EN RELATIONS INDUSTRIELLES DU QUÉBEC. *Relations de travail: nouvelles pratiques*, bulletin interne, Montréal, 1992.

DE LAGRAVE, Jean-Paul. *Histoire de l'information au Québec*, Montréal, Éditions La Presse, 1980.

SAUSSURE, Ferdinand de. *Cours de linguistique générale*, Édition critique par Tullio De Mauro, Paris, Payot, 1972.

DEVIRIEUX, Claude Jean. *Manifeste pour la liberté de l'information*, Montréal, Éditions du Jour, 1971.

DE VIRIEU, François-Henri. *La médiacratie*, Paris, Flammarion, 1990.

DE VITO, Joseph A. *Les fondements de la communication humaine*, Montréal, Gaëtan Morin Éditeur, 1993.

DU MOULIN DE LABARTHÈTE, Arnauld. *La communication événementielle*, Paris, Éditions Demos, 2001.

DUVAL, France. *La construction de la clôture du débat*, Nancy, Université de Nancy 2, 2002.

FRANKLAND, Michel. *La communication orale efficace*, Montréal, Mondia Éditeurs, 1988.

FURET, Yves et Sara PELTANT. *Savoir parler en toutes circonstances*, Paris, Retz, 1975.

GIRARD, Francine. *Apprendre à communiquer en public*, Montréal, Éditions La Lignée, 1985.

GOLEMAN, Daniel. *L'intelligence émotionnelle*, Paris, Laffont, 1997.

GUILLEBAUD, Jean-Claude. *Écoutez voir*, Paris, Arléa, 1996.

HALL, Edward Twitchell. *La dimension cachée*, Paris, Points, 1978, coll. «Poche: Essai».

HEIBER, Helmut. *Goebbels*, Paris, Presses de la Cité, 1966.

JAKOBSON, Roman. *Essai de linguistique générale*, tome 1, Paris, Éditions de Minuit, 1963.

KÉLADA, Joseph. *Qualité totale*, Montréal, Éditions Quafec, 1991.

KOTLER, Philip et Bernard DUBOIS. *Marketing Management*, Paris, Publi-Union, 1984.

LABORIT, Henri. *Biologie et structure*, Paris, Folio, 1968.

LABORIT, Henri. *L'homme imaginant*, Paris, Union générale d'édition, 1970, coll. « 1018 ».

LABORIT, Henri. *Éloge de la fuite*, Gallimard, Paris, Laffont, 1970.

LABORIT, Henri. *La nouvelle grille*, Paris, Gallimard, 1974.

LAGADEC, Patrick. *La gestion des crises*, Paris, McGraw-Hill, 1991.

LAGADEC, Patrick. *Apprendre à gérer les crises*, Paris, Éditions d'Organisation, 1994.

LAGADEC, Patrick. *Cellules de crise*, Paris, Éditions d'Organisation, 1995.

LASSWELL, Harold. *Power and Personality*, New York, W.W. Norton & Co., 1948.

LESBAT, Élisabeth et Denis FAUVEL. *L'art de prendre la parole*, Paris, Nathan, 1995.

LIBAERT, Thierry. *La communication de crise*, Paris, Dunod, 2001.

MCLUHAN, Marshall. *Explorations in Communication*, Boston, Beacon Press, 1960.

MCLUHAN, Marshall. *The Gutenberg Galaxy*, Toronto, University of Toronto Press, 1962.

MAISONNEUVE, Danielle (dir.). *Communication en temps de crise*, Québec, Presses de l'Université du Québec, 1999.

MARTIN, Jean-Claude. *Le guide de la communication*, Paris, Marabout, 1999.

MARTIN, Jean-Claude. *Communiquer, mode d'emploi*, Paris, Marabout, 2005.

MEHRABIAN, Albert. *Non-verbal Communication*, New York, Aldine, 1972.

MINTZBERG, Henry. *Structure et dynamique des organisations*, Paris, Éditions d'Organisation, 1982.

MUCCHIELLI, Alex. *Pratiques et mécanismes de la communication*, Paris, Éditions d'Organisation, 1991, coll. «Introduction aux sciences de l'information et de la communication.

MUCCHIELLI, Roger. *La conduite des réunions*, Paris, ESF Éditeur, 1994.

OGER-STEFANINK, Annick. *La communication c'est comme le chinois, cela s'apprend*, Paris, Rivages, 1987.

PEASE, Allan. *Interpréter les gestes, les mimiques, les attitudes*, Paris, Nouvelles Éditions Marabout, 1998.

PEASE, Allan et Barbara PEASE. *Pourquoi les hommes n'écoutent jamais et les femmes ne savent pas lire les cartes routières*, Paris, First, 1999.

PIAGET, Jean. *Biologie et connaissance*, Paris, Gallimard, 1967.

RAMONET, Ignacio. *La tyrannie de la communication*, Paris, Galilée, 1999.

ROUBY, Catherine. *La communication multicanaux : étude de la réception séparée du canal acoustique et du canal visuel*, thèse de doctorat, Université de Lyon, 1977.

THEBO, Kathy et Joyce NEWMAN. *Selling Yourself*, New York, Master Media, 1994.

TOMATIS, Alfred. *L'oreille et la vie*, Paris, Seuil, 1978.

TROGNON, Alain et Christophe BRASSAC. « L'enchaînement conversationnel », *Cahiers de linguistique française*, n° 13, 1992, p. 76-107.

TURCHET, Philippe. *La synergologie*, Montréal, Éditions de l'Homme, 2000.

VANDERVEKEN, Daniel. *Logique des actes de discours & fondements de la pragmatique*, mémoire au Conseil de recherches en sciences humaines du Canada, 2001.

VAYER, Pierre et Charles RONCIN. *Le corps et les communications humaines*, Paris, Éditions Vigot, 1986.

VÉNARD, Josiane. *Les vertus du rire*, Montréal, Éditions Trustar, 1998.

WATZLAWICK, Paul, J. Helmick BEAVIN et Don D. JACKSON. *Une logique de la communication*, Paris, Seuil, 1972.

WERTHER, William B., Keith DAVIS et Hélène LEE-GOSSELIN. *La gestion des ressources humaines*, Montréal, McGraw-Hill, 1985.

WESTPHALEN, Marie-Hélène, *Le guide de la communication d'entreprise*, Paris, Dunod, 2004.

WIENER, Norbert. *Cybernetics or Control and Communication in the Animal and the Machine*, New York, MIT Press, 1948.

INDEX

A-B

affects
  taux de perception des, 32, 47, 48, 126
agressivité, 48, 93
aplatissement de la pyramide hiérarchique, 156
aptitude communicationnelle, 32, 139, 179
arbre de la communication, 18
argument
  (pour – contre), 15, 16, 18, 19, 67, 118, 130, 134, 136, 138
  spécieux, 51, 52
argumentaire, 14-18, 30, 34, 44, 53, 55, 60, 66, 115, 117, 118, 120, 123, 126, 130, 134, 136, 137, 140, 167, 172, 175, 177, 181
attention, 16, 40, 46, 49, 50, 57, 67, 71, 72, 76, 77, 124-126, 130, 135, 143-145
attitude, 36, 39, 44, 119, 136, 153, 168
auto-écoute, 29, 46, 134, 135

auditoire
connaissance de l', 6, 11, 19, 63-65, 68, 71, 76-78, 80, 90, 100, 123, 126, 130
brainstorming, *Voir* remue-méninges

C

cerveau
(aires de la vue et de l'ouïe), 20, 21, 32, 69, 75, 76
charisme, 63, 64, 67
clientèle
service à la, 56, 131
code
identité de, 33, 34
coiffure, 38, 42, 79, 124
commandements, 181
communication
audiovisuelle, 5, 7, 20, 58
ascendante, 6
auditive, 5, 7, 20, 58
descendante, 6
définition 5
dérives de la, 92, 168
écrite, 5, 7, 20, 22, 58
fonctionnelle, 85
institutionnelle, 85
interpersonnelle, 6, 9, 22, 28-30, 35, 38, 43, 46, 49, 52, 58, 85, 112, 115, 135
communiqué de presse, 9, 11, 16, 121, 142, 143
définition 142
compassion, 42, 93, 164, 177
compétence
des porte-parole, 46, 59, 121, 166, 178, 181
sociodiscursive, 46
comportement
kinesthésique, 39, 41, 49
ornemental, 42
primitif, 42
tactile, 42
territorial, 43
vestimentaire, 42
conférence de presse, 9, 11, 98, 112, 120, 121, 140, 142
contact, 3, 33, 34, 41, 43, 55, 77, 79, 112, 125, 151
visuel, 41, 43, 77, 79, 125
contenu
cognitif, 141
émotionnel, 38, 40
intellectuel, 23, 79, 136
contexte, 30
circonstanciel, 30, 48, 123
psychosocial, 30, 48, 49, 123
contradiction, 180
contredire (sans confronter), 46, 51, 80
convaincre, 10, 13-15, 29, 33, 35, 41, 51, 55, 60, 65, 126, 128, 130, 136, 143, 175, 176
crédibilité
établissement de la, 49, 99, 101, 108, 126, 127, 136, 139, 148, 176, 179
taux de, 176
crise
cellule, 165, 166, 171, 172
catégories de, 150
définition, 148
effets organisationnels de la, 156
gestion, 163, 165, 169, 174
phases de la, 156, 159, 163, 164
prévention et gestion, 165
curriculum vitae, 58

D

dialogue, 6, 28-31, 33-35, 38, 41, 43, 44, 50, 67, 69, 73
différences langagières, 35
discipline de langage, 132
discussion, 5, 16, 35, 49, 50, 52, 53, 62, 73, 82, 83, 90, 101, 122
documentation (recherche, tri et analyse), 66, 113
droit à l'information, 89, 103-106, 127, 136

E

écoute active, 46, 50, 52, 80
émetteur, 7-9, 22, 25, 28, 30, 35, 43, 48, 49, 50, 58, 64, 78, 128
émission, 4, 37, 49, 71, 121, 122
empathie, 46
enjeux, 10, 11, 12, 14, 28, 34, 35, 38, 43, 44, 46, 50, 52, 55, 83, 120, 172
énoncés, 23, 133, 134
entrevue 53, 99, 118, 121
  médiatique, 53, 123
équation de Mehrabian, 123
erreur
  taux de perception de l'...
  et du mensonge, 13, 14, 73, 128, 134
esquive, 137
état de veille, 167
événement communicationnel, 141, 142
  définition, 141
événement imprévu, dommageable et public, 148
expression
  faciale, 38, 39, 40, 46, 48, 50, 79, 124, 125
  instinctuelle, 6, 28

F-G

feed-back, 31, 38, 46, 50, 55, 77, 80, 83, 90, 123
gestes, 6, 7, 20, 21, 38-40, 43, 46, 48, 50, 52, 79, 124, 125, 141, 184
gestion des communications de crise, 162, 163, 169, 174

H-I

habillement, 21, 38, 42, 79
improvisation, 77, 158
information
  définition, 3
initiative, 46, 73, 119, 157, 177
intelligence émotionnelle, 46
interaction, 31, 73, 90
interlocuteur, 5, 6, 11, 12, 14, 16, 18, 20, 25, 28, 29, 31, 33-36, 38, 40, 41, 43, 44, 47-50, 52-55, 80, 93, 96, 106
interprétation, 23, 25, 48, 49, 123, 134
intervenants,
  bottin des, 168, 171
ironie, 48

J-L

joie, 22, 23, 47, 48
judo verbal, 135
langage
  de bois, 132, 143
  écrit, 73, 74, 75
  parlé, 73, 74, 76
  tics, 135
Lasswell formule de Harold, 8, 9, 58, 60, 65
lecture publique, 73, 75
liberté
  de l'information, 89, 103-105
  de la presse, 102, 105
locuteur, 21, 24, 25, 28, 35, 37, 133
locuteur-émetteur, 35
logique illocutoire 24
  définition 24
logique interlocutoire, 24
  définition 25

M

maîtrise de soi, 46
malaise, 48
Maslow (pyramide de ...), 86
mauvaise foi, 52, 153
médias imprimés, 98
Mehrabian (équation de ...), 21, 123
mensonge, 52, 81, 93, 127, 128, 174

message, 4, 9, 11, 15-17, 21-26, 28, 29, 40, 47, 50, 55, 56, 64, 67, 69, 70, 78, 81, 117, 118, 123, 125, 126, 133, 141, 178, 184
principal, 16, 17, 67, 69, 70, 81, 117, 118
mimiques, 21, 39, 40, 41, 52, 67
mise en scène, 64, 81, 154
modus vivendi médiatique, 112, 113, 119
motivation, 46, 60, 88
des médias et des journalistes, 46, 60, 88, 102, 184
lettre de, 60

N-O

non-verbal, 21, 47, 73, 78, 179
objectifs, 9, 11-15, 29, 34, 39, 43, 46, 51, 53, 60, 63, 65-67, 69, 81-84, 107, 115, 117, 123, 130, 141-144, 152, 167, 172, 174, 176, 180
obstacles (à la communication organisationnelle), 44, 47
ondes cérébrales, 37
outils de communication, 7, 96, 97

P

parole publique
prise de, 9, 20, 43, 63, 73, 112, 115, 120, 135
vs lecture publique, 73, 77
peur, 41, 44, 48
perception, 20, 47-50, 73, 110, 128
phrases charnières, 137
plaisir, *Voir* joie
point de presse, 119
porte-parole, 13, 108, 112, 114, 117-127, 134-140, 143, 165, 166, 171, 176, 179
posture, 39, 40, 50, 79, 125
préliminaires (stopper les ...), 168
présentation,
conclusion, 70, 73
défauts habituels, 63, 77
introduction, 67-70
plan, 16, 63, 67-70, 117, 118
pyramide de Maslow, 86

Q-R

quasi-crise, 149, 155, 169, 170
questions (ouvertes, fermées, optionnelles, reformulées), 15, 16, 49, 53, 54, 57, 80, 107-109, 113, 114, 116, 120, 121-123, 127, 129, 130, 136-138, 177
radio, 4, 5, 6, 7, 9, 20, 38, 44, 78, 96, 97, 98, 99, 100, 101, 113, 118, 121, 128, 135
récepteur, 15, 20, 24, 25, 28, 30, 33, 43, 47, 48, 49, 50, 58, 59, 64, 115, 123, 167, 172
réceptionniste, 55
regard, 41, 43, 52, 77, 127
remue-méninges, 14, 62, 82, 84, 85, 115
rencontres de presse, 119, 140
répondant, 54, 119
répondre (de façon intelligente et intelligible), 6, 29, 49, 53-55, 57, 62, 93, 107, 113-115, 117, 118, 126, 127, 129, 130, 133, 135-139, 177, 181
réputation (perte de ...), 48, 64, 139, 145, 148, 155, 158, 173, 174, 176
résolution de problème, 62, 82, 84, 170
respiration abdominale, 45, 80, 81
résumé du plan, 67, 68, 70

réunions
efficacité, 62, 64, 65, 80, 82-85, 92, 170, 171
rire, 41, 48
rumeur, 92, 100, 151, 152, 157

S

satisfaction, *Voir* joie
scrum, 119
sentiment, 44, 46, 87-89, 100, 111, 138, 160, 175
signaux faibles, 46, 52, 53, 127, 129, 167
signifiant et signifié, 23, 25
silo
éclatement de la notion, 156
sourire, 41, 48, 52, 56, 57, 79, 80, 93, 125, 126, 134, 138
sujet (d'une communication, d'une présentation), 6, 11, 12, 14-16, 19, 29, 30, 34, 52, 57, 63, 65, 66, 83, 84, 92, 99, 107, 108, 113-115, 120, 122, 123, 129-131, 134, 143, 163, 172
supports visuels et documentaires, 70, 73
syllogisme
d'Aristote, 15, 66
inversé, 17
synergologie, 39
système GAR, 169, 170

T- V

tableaux, 71, 72, 121
téléphonie, 2, 7, 55
télévision, 4, 5, 7, 9, 15, 20, 38, 44, 71, 96, 97, 98, 99, 100, 101, 118, 121, 134, 135, 158, 179
trac, 44, 47, 48, 63, 80, 136
contrôle du, 44, 45, 80
transparence, 88, 92, 111, 168
verbal, 7, 20, 21, 22, 33, 36-39, 41, 43, 45-47, 50, 52, 64, 73, 76, 78, 79, 99, 123, 124, 136, 179
et non-verbal, 46, 64
vérité, 81, 92, 106, 125, 127, 136, 178, 181